TESORO EN VASOS DE BARRO

Claudio Freidzon

BETANIA

Un Sello de Editorial Caribe

© 1999 CARIBE/BETANIA, Editores
Una división de Thomas Nelson, Inc.
Nashville, TN – Miami, FL

www.editorialcaribe.com
E-mail: editorial@editorialcaribe.com

©1999 EDITORIAL CARIBE
ISBN: 0-88113-411-2

Impreso en EE.UU.
Printed in U.S.A.

3ª Impresión

CONTENIDO

Dedicatoria

A Betty, por ser una excelente esposa: Un instrumento de Dios.

A mi hija Daniela: Porque llegaste a la flor de la juventud y me has sorprendido: ¡Eres todo lo que puedo desear como padre!

A mi hijo Sebastián, varón esforzado y valiente: ¡Dios tiene grandes cosas para ti! He aprendido a disfrutar de tu amistad y compañerismo.

A mi hijo Ezequiel, el benjamín de la familia: Eres el motivo de mi ternura y mi risa.

A cada uno de los hermanos de la iglesia Rey de Reyes: No podría imaginar mi vida sin ustedes. Los amo con todo mi corazón y pastorearlos es un placer y un gran honor.

A cada hermano del cuerpo ministerial de la iglesia Rey de Reyes: Gracias por compartir conmigo las batallas y victorias en la obra de Dios, y llevar adelante la visión multiplicadora que Dios nos dio para Argentina.

A mi Señor, mi alfarero: Te alabaré eternamente por tu fidelidad al tratar con mi vida, una simple vasija de barro.

Agradecimientos

Agradezco:

A mi gran amigo Carlos Mraida, quien con todo su apoyo y aliento, me animó y colaboró para que este libro sea una realidad.

A Marcelo Doynel, quien con su infatigable colaboración, hizo posible este nuevo proyecto.

A cada hermano de la iglesia Rey de Reyes, que participó escribiendo su testimonio de vida y contribuyó a glorificar a Dios en estas páginas.

Prólogo

A pesar de los años transcurridos, todavía se mantiene fresco en mis recuerdos aquel joven pastor que se acercaba a mis primeras campañas lleno de curiosidad y ávido del conocimiento del amor y del poder de Dios. Por entonces no sabíamos de los profundos lazos de amistad que ligarían nuestras vidas en la preciosa tarea a la que fuimos llamados. Pero esta amistad floreció y se desarrolló con firmeza y solidez, y se templó en aquellos irrepetibles momentos en que juntos nos acercábamos en oración al Dios de toda compasión, clamando con lágrimas por una mayor manifestación divina para un despertar de su amada Iglesia y el rescate de las almas perdidas.

Poco años más tarde, a ese fiel Alfarero le plació tomar a Claudio en sus tiernas, amorosas, compasivas y firmes manos, para moldear un vaso muy especial.

Querido lector, este nuevo libro de mi amigo Claudio Freidzon es el producto de su experiencia en cuanto al trato que Dios quiere para nuestras vidas cuando, sin condicionamientos, la rendimos a Él, que la conoce como nadie; con delicado e incansable trato la moldea para lograr su semejanza perdida.

Es, por otra parte, el fruto de lo que Él puede hacer a través de esos vasos, cuando los llena y desborda de sus inagotables y frescas aguas. Todo esto podrá usted apreciarlo en cada testimonio reproducido.

Agradezco a Dios por este ministerio que ha bendecido mi vida junto con toda mi familia y que hoy se proyecta en tantos países del mundo.

Carlos Annacondia

Introducción

En estos últimos años Dios, en su infinita gracia y misericordia, me ha dado el privilegio de servirle como predicador en muchas de las más importantes conferencias internacionales y como evangelista, ministrando a miles en cruzadas multitudinarias. Además de ministrar en las ciudades más importantes de mi país, Argentina, he sido invitado a hacerlo en países de los cinco continentes: Uruguay, Chile, Ecuador, Brasil, El Salvador, Costa Rica, Estados Unidos, Canadá, España, Alemania, Suiza, Italia, Hungría, República de Checoslovaquia, Austria, Inglaterra, Burkina Faso, Congo, Japón, Australia, son algunos de los países donde estuve. Este ministerio a las naciones ocupa un lugar muy importante en mi servicio a Dios y a través del mismo, el Señor me ha permitido alcanzar a más de un millón y medio de personas hasta el presente.

Pero, sin dejar de agradecer a Dios por este privilegio y de reconocer el impacto que esta proyección tiene, quiero por medio de este libro abrirte mi corazón y darte a conocer una gran carga que tengo. Este libro, que hoy está en tus manos, lo he escrito con el corazón de un pastor. Y mi corazón se conmueve al ver a tantos hermanos en Cristo que, teniéndolo todo para vivir una vida plena, están viviendo sin abundancia. Creyentes que han experimentado la obra redentora de Cristo en sus vidas, que han recibido el soplo poderoso del Espíritu Santo, que han sido inundados del amor del Padre Celestial y sin embargo, siguen arrastrándose por la vida sin gozar de la plenitud.

Conocen al Señor, pero sus vidas necesitan ser restauradas. Al mismo tiempo, junto a esta carga por aquellos que necesitan experimentar la obra restauradora de Dios, tengo en mi corazón una gran esperanza y entusiasmo al saber que Dios sigue buscando hombres y mujeres que quieran acogerse a los beneficios de su gracia. A lo largo de este libro percibirás no solo la carga y el aliento que surgen de mi propio corazón pastoral sino, especialmente, podrás sentir el palpitar del corazón de Dios, que late amorosamente diciéndote: «Estoy listo para restaurarte».

¿Cuál es la imagen que tú tienes de Dios? Si tuvieras que ilustrar a Dios con alguna figura, ¿cuál elegirías? Algunas personas lo ven como un juez, listo para condenar; otros como un policía dispuesto a reprimir. Otros lo imaginan como un ancianito de larga barba blanca. ¿Cómo lo imaginas tú? En un momento muy especial de la historia del pueblo de Dios, el Señor decidió estimular la imaginación del profeta Jeremías, de forma tal que concibiera al Señor como un alfarero.

Tal vez, si tú tuvieras que elegir una imagen que simbolice la acción de Dios, no escogerías la de un alfarero. Sin embargo, tengo la convicción que este es un tiempo en el que la Iglesia, los creyentes en Jesucristo, deben recuperar la visión de Dios como el gran Alfarero. Muchos creyentes se han abierto a la obra maravillosa del Espíritu Santo y han experimentado su unción transformadora. Pero con el paso del tiempo, por diferentes razones, el aceite se ha estancado, el vino nuevo se ha avejentado, la experiencia no se ha renovado, y se oye un clamor generalizado pidiendo restauración.

Si esta es tu situación, con la dulzura y firmeza que lo caracterizan, hoy también el Señor te invita: *«Levántate y vete a casa del Alfarero».*

1

Una vasija de barro

Palabra de Jehová que vino a Jeremías diciendo:

Levántate y vete a casa del alfarero y allí te haré oír mis palabras.

Y descendí a casa del alfarero, y he aquí que él trabajaba sobre la rueda.

Y la vasija de barro que él hacía se echó a perder en su mano; y volvió y la hizo otra vasija, según le pareció mejor hacerla.

Entonces vino a mí palabra de Jehová, diciendo:

¿No podré yo hacer de vosotros como este alfarero, oh casa de Israel? dice Jehová. He aquí que como el barro en la mano del alfarero, así sois vosotros en mi mano, oh casa de Israel.

Jeremías 18.1-6

Cuando un bebé es puesto frente a un espejo no se reconoce a sí mismo. Mira y disfruta viendo la imagen que allí se refleja. Le sonríe, sin saber que es su propia imagen. Pero un día, con el correr del tiempo, la expresión de su cara cambia porque empieza a reconocer su figura y sus movimientos. Su rostro parece decir: «Ese soy yo». De igual manera nos sucede al leer esta historia del alfarero y la vasija. Al principio la leemos como una bonita ilustración que nada tiene que ver con nosotros. Pero al transcurrir el tiempo, el Espíritu Santo se nos revela y nuestra expresión también cambia. Nos vemos obligados a decir: «Ese soy yo, esa vasija soy yo».

Dios nos ilustra en su Palabra, de una manera sencilla y esclarecedora, la forma en que Él actúa con nosotros. La imagen que aquí se nos presenta es la del profeta Jeremías yendo al taller del alfarero para recibir una enseñanza dramática de parte de Dios. Allí el Señor le muestra lo que Él quiere hacer con el pueblo y con su propia vida como profeta.

Por medio de este libro, el Señor desea invitarte una vez más a su taller para revelarte lo que quiere hacer con tu vida y para moldearte de acuerdo al propósito específico que tiene para ti. ¡Abre tu corazón y prepárate para recibirlo!

TOMADOS DEL BARRO

El versículo 6 de nuestro texto termina diciendo: «Como el barro en la mano del alfarero, así sois vosotros en mi mano, oh casa de Israel».

Dios a través de esta figura se presenta como el alfarero y declara que nosotros somos el barro que Él trabaja con sus manos. Mucha gente dice: «Yo voy a volverme a Dios cuando me sienta en condiciones, cuando esté listo para presentarme ante su presencia». Pero la Palabra de Dios dice que Él nos llamó cuando nosotros estábamos lejos de sus caminos, extraviados en nuestros pecados. Debemos comprenderlo bien: Es Dios quien nos busca y nos escoge, y no nos elige por nuestra condición impecable, ni por lo buenos que somos. No te elige por lo buen padre que eres, ni por ser una buena madre, o un buen vecino, o un buen trabajador. No; nos elige sabiendo que somos barro. A Israel lo eligió, dice la Palabra, porque era el «no pueblo». No lo eligió por sus méritos, ni por su cualidades como nación. En realidad no existían como nación. Eran apenas un grupo de esclavos allí en Egipto. Pero a ese «no pueblo», Dios lo hizo pueblo.

Dios te ha tomado del barro. ¡Nunca olvides esta verdad! Te tomó de lo bajo, de donde habías caído a causa de tu rebeldía y desobediencia, y comenzó a hacer su obra en ti. ¡No se abstuvo de meter sus manos en el barro! No te miró esperando encontrar perfección, porque sabía que no la iba a encontrar. Él se inclinó hacia ti, te levantó y te puso sobre la rueda. Ahora está moldeándote conforme a su propósito, formando a Jesús en tu vida y llenándote de bendición para que a su vez tú bendigas a los que te rodean. Pero no olvides de dónde te sacó.

Dice el salmista al recordar los beneficios de Dios que Él nos rescató del hoyo, del lodo cenagoso (Salmo 103.4). Cuando estabas en el pozo de la depresión, Él extendió su brazo y te rescató. Cuando el amor era una palabra que tenías que buscar en el diccionario porque no sabías qué quería decir, Él vino a tu vida y la inundó de su incondicional amor. Cuando tus pecados y tus culpas no te permitían levantar la cabeza para relacionarte con Dios, Él te lavó y te perdonó. Cuando tu vida no tenía sentido, Él llenó ese vacío interior. Cuando la paz, como dice una vieja canción, era solo una palabra y no una realidad en tu vida, Dios te tomó y trajo reposo a tu alma. Cuando estabas atado a esa adicción que te esclavizaba y te revolcabas en el lodo, Él se acercó a ti, cortó las cadenas y te dio libertad. Allí, en esas circunstancias, en esos momentos, allí en el barro, Dios te encontró y empezó a hacer la obra en tu vida. ¡Alabado sea el nombre del Señor!

Somos solo barro, para muchos sin valor, pero no así para el gran Alfarero. Si otros te despreciaron en la vida, ten por seguro que en las manos de Él alcanzarás tu destino de gloria.

Deseo relatarte el testimonio de Mario. Un joven que conoció el rechazo y el abandono de quienes más amaba, pero que un día el Alfarero lo levantó del barro como al más precioso tesoro.

*Nací en Chile, y mis primeros años los viví junto a mi padre,
mi madre, mi hermano mayor llamado Raúl, y Luis, el más
pequeño de la familia. Luis tenía problemas de salud, era
muy débil, y mi madre siempre le brindaba todos los cuidados.
En cuanto a mí, era todo lo contrario. Era un niño robusto,
que al nacer había pesado cuatro kilos causándole algunos
problemas de salud a mi madre. En ocasiones sufría injustos
reproches de mi madre por esta causa. Pero los mayores
problemas giraban en torno a mi padre. Él era alcohólico y
castigaba con violencia a toda la familia. Le teníamos terror.
Aún tengo en mi cabeza y en mi cuerpo las marcas de sus
golpizas. Recuerdo que por las noches, cuando sentía que él
regresaba, un intenso pavor se apoderaba de mí y corría a
esconderme debajo de mi cama. Este era mi entorno familiar
cuando solo tenía cuatro años. Pero lo peor estaba por venir.*

*Mi madre no soportó más la situación y se marchó
llevando consigo al pequeño Luis, pero a mí me tocó quedar-
me con mi padre, quien siguió descargando en mí toda su
ira y frustración. Con la impotencia de un niño de cinco
años, corrí a pedir socorro a mis abuelos, y luego a mis tíos,
pero ambos me rechazaron. Entonces decidí escapar de mi
casa. La calle sería mi hogar durante los próximos cuatro
años, durmiendo en los trenes, plazas, pasando frío y hambre,
comiendo apenas lo que pudiera conseguir. Con el tiempo,
hastiado de esta mala vida, decidí volver con mi padre, pero
ya era muy tarde. Él había muerto a causa de la cirrosis.
Eran demasiadas tristezas para mis nueve años y decidí
acudir nuevamente a mis abuelos y tíos, sufriendo un nuevo
rechazo. No querían hacerse cargo de mí. Me convencieron
para que fuese a un «buen lugar», donde, según ellos, me
educarían y convertirían en un hombre de bien. Fui ilusionado sin saber lo que me esperaba. Cuando llegué a aquel
lugar, me informaron que no había vacantes y me traslada-
ron a una prisión donde a su vez funcionaba un hogar de
menores. Allí conocí más horror. Violencia, torturas, gritos
por las noches pidiendo clemencia estallaban en mis tímpanos*

y agobiaban mi alma. Noches enteras sin dormir a causa del miedo. En este terrible lugar fui violado dos veces. No, esto no se parecía en nada a lo que me habían prometido.

Pasado el tiempo se produjeron vacantes en el establecimiento al que debía ir en un principio. Ese era el lugar que mis abuelos habían pensado para mí. Se encendía una pequeña luz de esperanza que resultó ser otro espejismo. Muchos de los menores que estaban allí tenían causas penales y eran terriblemente maltratados. Este lugar también era espantoso.

A los trece años logré fugarme junto con tres chicos, y durante veinte días caminé sin rumbo fijo. Estaba tan perdido... Era solo un niño, pero mi vida no era la de un niño normal. Había perdido la inocencia, el calor de un hogar, mi vida era dolor y no alcanzaba a entender por qué me encontraba así. Hasta que un día, caminando por un callejón oscuro, vi una mujer que venía de frente... ¡Era mi mamá! Yo estaba sucio, con toda la ropa andrajosa y con ocho años más, pero ella me reconoció y me recogió. Fui a vivir con ella, con quien sería mi padrastro y una hermana de este nuevo matrimonio.

Al fin tenía un hogar. Pero comencé a tener problemas de salud. Eran los crueles efectos de una convulsionada niñez de frío, hambre, desvelos y golpes. Mi salud estaba afectada seriamente. Especialmente mi columna. Estaba encorvado y casi no podía caminar. Para aquel entonces, ya vivía en Argentina, en donde fui operado y estuve un año y medio internado en el hospital Rivadavia sufriendo intensos dolores.

Poco a poco, muy lentamente, empecé a mejorar intentando llevar una vida normal. Y cuando esperaba al fin poder vivir una etapa diferente en mi vida, caí en un pozo depresivo. A menudo, pensaba en quitarme la vida. En realidad, lo intenté en tres ocasiones distintas.

Por aquel tiempo mi madre y mi padrastro conocieron al Señor y mi madre comenzó a hablarme del amor de Dios. Inexplicablemente el amor que sentía por mi mamá se transformó en un sentimiento de odio y reproches: «No me hables de amor después de haberme dejado tantos años sin cuidados y cariño», le decía.

En aquel tiempo conocí a Clara, quien se convertiría en mi esposa. Ella pudo comprenderme porque como yo, venía de un hogar hecho pedazos. La madre la había dejado al cuidado de su abuela y durante años no volvió a verla, provocando en ella un fuerte sentimiento de abandono.

Después de casarnos mi madre me llevó a la segunda campaña evangelística del Pastor Claudio Freidzon en la Plaza Noruega y allí Dios me sanó de mis secuelas en la columna, que habían regresado y recrudecido. Sin embargo, un año después tomé una decisión por Cristo. Y sucedió el milagro. ¿Cómo explicarlo? Sentí el amor de Dios recorrer toda mi vida, mi pasado y mi presente. Comenzaron los cambios. Un peso enorme fue quitado de mis espaldas. Pude perdonar a mi mamá de todo corazón. Mirarla a los ojos como si nada hubiera sucedido entre nosotros. Aprendí a amarla y comprenderla. A fin de cuentas no era yo el único que había sufrido. Sentí el gran desafío de encontrarme con mis abuelos y mis tíos, y después de orar mucho viajé a verlos. Les pedí perdón por todo mi resentimiento al mismo tiempo que les ofrecía olvidarlo todo. Fue tan grande el impacto para ellos al ver cómo Dios cambió mi vida, que se rindieron a los pies de Jesús confesándole como Señor y Salvador. Dios además me concedió en este viaje otro regalo. Después de treinta años me reencontré con Raúl, mi hermano mayor. Fue hermoso poder abrazarle y predicarle del amor de Dios. Clarita, mi esposa, también tuvo la dicha de llevar el mensaje de perdón y salvación a toda su familia. Todo lo que el diablo quiso destruir para siempre, el Señor en su misericordia lo restauró.

En el presente, Mario es una persona de carácter afable y divertido. Tiene una sensibilidad única hacia las necesidades de aquellos que, por diferentes razones, han sido despojados del afecto imprescindible para crecer sanos. En su corazón hay un amor especial por los niños desamparados, porque él fue uno de ellos. Por haber sido rescatado, transformado y consolado por Dios, puede ahora consolar a otros.

Mario, junto a su esposa, comparte su testimonio en la calle, en los hospitales, y con gente de sectores marginales a quienes ayuda con todo su corazón. Pero su mayor preocupación son los niños. Periódicamente visita los hogares de niños huérfanos y abandonados para llevarles, en medio de su desamparo, todo el amor y el consuelo que Dios ha puesto en su corazón.

¡Gloria al Señor! Porque nos buscó en el barro y no nos dejó allí en medio del lodo. Dicen las Escrituras: «Pues mirad, hermanos, vuestra vocación, que no sois muchos sabios según la carne, ni muchos poderosos, ni muchos nobles; sino que lo necio del mundo escogió Dios, para avergonzar a los sabios; y lo débil del mundo escogió Dios, para avergonzar a lo fuerte; y lo vil del mundo y lo menospreciado escogió Dios, y lo que no es, para deshacer lo que es, a fin de que nadie se jacte en su presencia» (1 Corintios 1.26-29).

Dios nos escogió. Como dice el himno: «Él vino a mí, yo no podía ir a Él, pero Él vino a mí». Debemos reconocer como Moisés frente al faraón: «El Dios de los hebreos nos ha encontrado» (Éxodo 5.3). Jesús mismo afirmó enfáticamente: «No me elegisteis vosotros a mí, sino que yo os elegí a vosotros» (Juan 15.16). Y este es el milagro de la redención, que Dios pueda afirmar de cada uno de nosotros: «Porque a mis ojos fuiste de gran estima, fuiste honorable, y yo te amé» (Isaías 43.4). ¡Es la mirada de amor del Alfarero! Cuando Él nos miró, nos vió completos en su hijo amado, pasó por alto nuestra triste condición al vislumbrar su obra de arte terminada: «Este barro en mis manos se convertirá en una vasija de gloria».

Pienso en tantas vidas levantadas del fango, incluyendo la mía. Personas que nunca hubieran salido de sus prisiones de dolor, pecado y amargura si el Señor no les hubiera salido al cruce en el camino.

Días atrás, una hermana de la congregación, que llamaré Elvira, me relató en una extensa carta el testimonio de su vida. Una vez más, al conocer los detalles tan duros de su vida, glorifiqué al Señor por su misericordia. Realmente nos tomó de muy abajo. Este es su testimonio:

Hasta la muerte de mi padre considero que tuve una infancia feliz. Su presencia siempre me inspiró seguridad y amor. No sucedía lo mismo con mi madre que sin motivos aparentes me rechazaba aún siendo pequeña y me propinaba tremendas palizas. Era mi papá quien siempre intervenía para defenderme. Recuerdo ocasiones en las que llegaba de trabajar por la noche y al encontrarme llorando en mi cuarto, aterrada en medio de la oscuridad, comenzaba a discutir con mi madre por el trato que ella me daba. A pesar de todo esto, yo era feliz. Papá me quería y era amoroso conmigo. Siempre tenía una palabra de disculpa hacia mi mamá y me enseñaba a amarla a pesar de todo. Su preocupación por guardar la unidad familiar llegó a tal extremo que, ya muy enfermo, mientras agonizaba, me pidió que jamás abandonara a mi mamá y a mi hermana. ¡Pobre papá! Sin saberlo me colgó al cuello una pesada piedra que arruinaría mi vida para siempre. El mismo día que sepultamos a mi padre, una vez en casa de mi madre, luego de despedir a mi abuelita y estando a solas, comenzó a golpearme hasta cansarse mientras me decía: «¡Llora, llora, veamos si esta vez él te escucha y viene a salvarte!» No solo no lloré, juré que nunca nadie me vería llorar.

Me obligó a trabajar como sirvienta en una casa de familia. Trabajaba siempre con miedo porque si fallaba en la tarea y ella era informada, al regresar sufría su castigo. La ropa que me regalaban y las golosinas eran todas para mi hermana más pequeña. «Pobrecita», decía mi mamá, «se está criando sin su padre». No tenía en cuenta que yo con mis nueve años también era una niña.

Me enteré de los cambios propios de toda mujer sin muchas explicaciones. A decir verdad las palabras de mi madre fueron: «Tienes que cuidarte, no vaya a ocurrir que quedes embarazada, y lo único que me falta es que te conviertas en una ramera». Lamentablemente no me advirtió que aún los familiares más cercanos podían violarme. Sufrí esta vejación bajo amenazas de que si mi madre se enteraba me iba a golpear para luego echarme de la casa. Toda mi adolescencia fue un calvario. Cuando mi mamá regresaba por las noches de su trabajo, un miedo pavoroso se apoderaba de mí. Pocos conocen lo que sufre un niño atormentado por el miedo. Yo lo sé.

Cuando cumplí los dieciocho años me echaron de mi casa. La causa fue que gasté parte de mi sueldo en comprarme un hermoso anillo de oro y no le di el dinero a ella. Me fui solo con la ropa puesta y con el anillo en mi mano, y traté de olvidarme de ella, pero el juramento hecho a mi padre pesaba más. Mensualmente le hacía llegar la mitad de mi sueldo. En realidad creo que no podía dejar de amarla.

Los años pasaron, fui activista gremial, me casé, me divorcié, terminé involucrándome en la política con algún éxito. Nadie jamás me vio llorar, ni siquiera mis hijos. Me hice la fama de ser una mujer «dura». Entregada arduamente al trabajo. Pero un accidente me dejó con bastones ortopédicos y con un setenta y cinco por ciento de incapacidad física, lo que me permitió obtener una jubilación por invalidez. A partir de aquel momento me dediqué a mis hijos e intenté llevar una vida más tranquila.

Pero al poco tiempo sucedió algo increíble. Un hecho que trajo a mi corazón una luz de esperanza. Recibí una carta de mi hermana desde Mar del Plata. Ella vivía con mi madre en aquella ciudad en un pequeño departamento. En varias oportunidades les había ayudado a comprar muebles o un televisor, pero esta carta de mi hermana traía una propuesta diferente. Me manifestaba que se encontraban muy solas, que no tenían ni un amigo y que deseaban venir a Buenos

Aires para vivir conmigo. La idea era vender el departamento de ellas y que yo pusiese el dinero faltante para comprar una vivienda donde pudiéramos vivir las tres. La idea me sedujo, ¿podríamos finalmente reconstruir el hogar que no tuvimos? Lo consulté con mis hijos y con algunos amigos. Todos me aconsejaron que no lo hiciera, pero yo pensé que ya estábamos viejas para seguir igual, que ellas seguramente cambiarían. Y aún la promesa hecha a mi padre no me daba libertad para rechazar la propuesta. Nunca pensé que una nueva pesadilla comenzaría para mí.

Como primera medida, las traje a vivir a mi casa. No sabía que ellas practicaban la religión afro-brasileña, y trajeron una persona a hacer «trabajos espirituales» en mi hogar. Enseguida comenzaron a adueñarse de todo. Sacaban las cortinas y cuadros de mi casa sin considerar mi opinión. Yo no abría la boca, no quería discutir. «Ya cambiarán», me animaba, «cuando vivamos en la casa nueva todo será diferente». A los dos años se vendió el departamento de Mar del Plata. Mi hermana sacó parte del dinero de la venta para pagarle a una mujer que tiraba las cartas, y que según ella le había ayudado a venderlo. Yo me puse furiosa, pero mi madre la apoyaba en todo, así que puse el dinero que faltaba. Aun me comprometí con deudas para dejar en condiciones nuestra nueva casa, que necesitaba múltiples reparaciones. En estas circunstancias estaba muy arrepentida, pero no podía volver atrás.

Cuando faltaba pintar solo una pared y al fin mudarnos a la nueva casa, sucedió lo inesperado. Aún estábamos en mi casa aquel día cuando mi hermana me llamó para sentarnos a comer. Allí las dos, mi madre y mi hermana, me anunciaron que solo ellas se iban a mudar, que querían vivir solas, y que si quería mi parte que les hiciese un juicio. No lo podía creer. Entendí que había sido traicionada. Ellas solas no podían comprarse una casa, por eso me engañaron. Les dije: «Tienen 48 horas para dejar mi casa, si cuando regrese aún están, les juro por mi padre que las mato». Sentía un dolor tan grande que no podía siquiera pensar. Fui a ver a mi hijo y le dije que por favor les hiciera la mudanza porque sino las mataría. Él se dio cuenta de que hablaba en serio y fue a sacarlas. Regresé a mi casa cuando mi madre terminaba de guardar las últimas cosas. Se llevaban hasta mi ropa. Aún así la acompañé a cruzar la calle, con la última esperanza de que dijera algo que calmara mi dolor. Ella no dijo ni una sola palabra. En aquel momento rompí el silencio y mirándola a los ojos le dije: «Míreme bien, porque si me necesita aun para cerrarle los ojos, morirá con ellos abiertos. Nunca más podrá hacerme daño». Y me di la vuelta.

Los meses siguientes fueron terribles. Caí en un pozo depresivo. Me preguntaba una y otra vez por qué tanto odio. Estuve sesenta años tratando que mi madre me quisiera y al final me sentía derrotada. Sentí un odio que jamás pensé que podría sentir. El solo recordar que ellas vivían a dos cuadras de mi casa me enfermaba. Nada me levantaba de mi depresión, ni siquiera el deseo de vengarme. No quería ver a mis hijos, ni a mis nietos. Nunca me había importado el dinero, si me lo hubiesen pedido se los hubiera dado, sentía tanto dolor. No tenían necesidad de haber actuado así.

Tenía una amiga que era cristiana y que siempre oraba por mí. Un día me invitó a una reunión evangelística que el pastor Claudio Freidzon hacía en el Parque Sarmiento. El primer día llegué sin entender qué significaba todo aquello, pero escuché la Palabra de Dios. Cuando el pastor Claudio oró por mi vida me inundó una gran paz y aquella noche logré dormir como no lo hacía desde hacía mucho tiempo. Al domingo siguiente mi amiga me convenció para que regresara. Nuevamente el pastor oró por mí y dijo: «Recibe lo que Dios tiene para tu vida». De inmediato sentí que algo me impulsaba a salir afuera de aquel auditorio, y repentinamente comencé a llorar, y llorar. No podía parar. Ni siquiera me importaba que los demás me viesen. Lloraba como nunca lo había hecho en mi vida. Un joven colaborador de la iglesia se acercó a mí y me preguntó si estaba bien.

«Discúlpeme», le dije, «no sé lo que me pasa, no puedo dejar de llorar». Él me respondió: «No se preocupe, está llorando por todo aquello que no se permitió llorar en la vida». Lo miré asombrada, ¿cómo sabía él de mí? Siguió diciendo: «Pero al fin llegó su tiempo, el Señor la llamó, acudió a Él y usted permanecerá porque Dios la está bendiciendo». Luego se disculpó porque lo llamaban y se fue rápidamente. No lo volví a ver, pero sus palabras dejaron en mi corazón una paz muy extraña para mí. Era como si todo lo malo se hubiera borrado de mi mente y de mi corazón.

Comencé a asistir a la iglesia Rey de Reyes. Una consejera del discipulado me recibió con gran dulzura. Cada día me sentía mejor. En mi hogar ponía un casete de alabanza de la iglesia y limpiaba la casa cantando y alabando. No veía mi desastre tan grande. Al poco tiempo, sin que nadie me dijera nada, me anoté en el curso de bautismo y cumplí con este mandamiento. Dios estaba tratando conmigo.

Un domingo, durante el culto central, la Palabra de Dios me tocó y pasé al altar respondiendo al llamado. Mientras el pastor oraba me parecía estar sola en medio de aquella multitud que me apretaba. Solo Dios y yo en aquel altar. En un instante, durante la oración, me sentí levantada en el aire como si estuviese colgada de mis manos con cadenas. Escuché la voz del pastor: «¡Suéltala, satanás!» Y pude ver como mis cadenas se cortaban. Me parecía estar en otro mundo, envuelta en una atmósfera de gloria. Cuando abrí los ojos me sorprendió ver tanta gente a mi alrededor. Dios había tratado conmigo de una manera tan íntima, que no había reparado en ellos. En mi interior me sentía restaurada. Era absolutamente otra persona.

Sin odios ni rencores comencé a orar por mi madre y por mi hermana, para que Dios las bendijera. Al poco tiempo me reincorporaron a mi trabajo. Todos los empleados me saludaban sorprendidos y yo no me cansaba de decirles: «El Señor me dijo que volvería». Ellos pensaban que al decir «Señor» les hablaba del presidente de la empresa.

Vivo una nueva vida. Disfruto de una paz interior tan grande que nada ni nadie me la podrá quitar.

Como dice la Palabra, nos levantó del barro y nos llevó nada menos que a los lugares celestiales. Nos sentó juntamente con Cristo para que podamos vivir, ya no arrastrándonos por el lodo cenagoso, sino en la plenitud de la presencia de Dios, sentados a la diestra del Padre, con toda la bendición, con toda la autoridad y el poder de Jesucristo.

Todo hombre debe reconocer que es barro, de lo contrario el Alfarero no podrá trabajar con su vida. A Él no le sirven aquellos que creen ser algo, el alfarero solo desea encontrar un trozo de barro blando para hacer su obra maestra. No solo son barro aquellos que han sufrido tragedias familiares como Mario o Elvira, quiera Dios que los ricos de este mundo reconozcan también que son barro; que los triunfadores, los que se comportan con la apariencia de una intachable moral, los que disfrutan de este mundo, asuman que son barro y que no hay propósito para sus vidas fuera de las manos del Alfarero.

EN LA RUEDA DEL ALFARERO

La salvación, el llegar a las manos del Alfarero, marca solo el comienzo de una gran aventura, el principio de una nueva historia.

Dice el versículo 3: «*Descendí a casa del alfarero, y he aquí que él trabajaba sobre la rueda*». Él nos pone sobre la rueda y con sus manos nos va dando forma conforme al diseño que desde antes de la fundación del mundo tiene en su corazón.

La rueda es un símbolo de aquel lugar donde Dios trata con nosotros. El Señor nos moldea sobre la rueda. En este sentido, la rueda representa la escuela de Dios, todas aquellas circunstancias de nuestra existencia que Dios permite para formar la imagen de Cristo en nuestras vidas.

En ocasiones tenemos la impresión de que estamos en la rueda solo dando vueltas y vueltas, y más vueltas. Todo parece girar descontroladamente a nuestro alrededor. No vemos progreso y nos sentimos desanimados. En nuestro desconcierto miramos hacia abajo buscando al responsable de tanto movimiento, procurando identificar al que mueve la rueda. «Debe ser el diablo», pensamos, pero el descubrimiento que hacemos es asombroso: ¡Es el pie del Alfarero el que la mueve! ¡Todo está bajo su control!

En nuestros días disfrutamos de la influencia positiva del avance tecnológico. Todos sus adelantos nos ayudan a vivir una mejor calidad de vida. Pero cuando llevamos esto al plano espiritual podemos caer en el síndrome de lo instantáneo. Alguien también lo llamó el síndrome del microondas. Consiste en creer que nuestro crecimiento espiritual será instantáneo, y que Dios debe hacerlo todo de inmediato. Es como encerrar a Dios en un horno de microondas y pretender que por apretar dos o tres botones nuestra respuesta saldrá lista para consumir. Cuando por alguna sabia razón el Señor retarda el cumplimiento de la promesa, o cuando por un instante Dios hace silencio, entonces, quienes conciben el mover de Dios como el café instantáneo, se ofenden con el Señor, con la iglesia, o con el pastor.

Pero es preciso que entiendas que el tiempo de la rueda es el tiempo en que Dios está imprimiendo sus huellas en tu vida y te está modelando. Él necesita trabajar el barro que muchas veces se está resecando y que otras tantas presenta resistencia y se pone duro. Necesitas su toque. Que sus dedos se estampen en tu persona para darte el toque personal. Cuando Dios pensó en ti, te pensó bien diferente a mí. Y nos hizo distintos para que cada uno cumpla con su plan específico aquí en la tierra.

VASIJAS MALOGRADAS

Quizás al analizar tu vida veas el fracaso. Miras hacia tu costado y observas en el piso los pedazos de ese hombre, de esa mujer, que Dios había planeado que fueras. Te sientes frustrado. Sabes que Dios tiene un plan desde antes de la fundación del mundo, pero al mirar hoy tu vida te das cuenta que ese plan no se ha concretado. ¿Qué hará Dios? ¿Tomará a otro hombre para reemplazarte, a otra mujer para ocupar tu lugar en el reino? Podría hacerlo, pero no te desesperes, todavía estás a tiempo. Dice Jeremías que el alfarero, en lugar de tomar otro pedazo de barro, en lugar de volver al fango y tomar otra cantidad de materia prima, tomó esa misma pieza que se había roto. Él hoy vuelve a buscarte con la intención de poner sus manos sobre ti a fin de recomponer la obra. Está dispuesto a comenzar de nuevo. A diferencia de muchos hombres que al primer error te rechazaron sin darte una nueva oportunidad y que todavía guardan reproches hacia ti, el Alfarero con amor y paciencia te dice: «Intentémoslo nuevamente». ¡Qué glorioso!

Pero es fundamental para nuestra restauración que identifiquemos el punto de nuestro fracaso. El lugar en el cual nos resistimos a su voluntad. Pensemos en esto, todo iba bien para el Alfarero en la realización de la vasija hasta que llegó a un punto, una grieta, una imperfección, que le impidió seguir modelando. Una resistencia que no cedió y provocó que la vasija se deshiciese en sus manos.

Hay muchos cristianos malogrados. Muchas vasijas quebradas. Muchas vasijas de adorno. Muchas vasijas vacías. Muchos vasos que en lugar de ser vasos de gloria se están transformando en vasos de deshonra. Dice la Palabra que el Señor en su amor, en su misericordia está dispuesto a ponerlos otra vez sobre la rueda y hacer una vasija nueva. Dice el versículo 4: «*Y la vasija de barro que él hacía se echó a perder en su mano*». ¿Estará hablando de tu vida? Si la respuesta es sí, no te angusties. Dice luego: «*Y volvió y la hizo otra vasija, según le pareció mejor hacerla*». Dios ha comenzado una obra en ti y la completará.

Yo quiero desafiarte, en el nombre del Señor, a que seas parte del mover de Dios en este tiempo, del avivamiento que Él traerá sobre Argentina y sobre todo el mundo. Deseo desafiarte para que no seas más una vasija quebrada. Tampoco una vasija de adorno exhibida en un estante, un cristiano metido dentro de un templo; que le permitas a Dios te transforme en una vasija de misericordia, que sea trasladada a donde están los necesitados para derramar el amor de Dios. ¡Una vasija que exprese la gloria de Dios en la tierra!

VUELVE A LAS MANOS DEL ALFARERO

Dios termina diciéndole a Jeremías: *«No podré yo hacer de vosotros como este alfarero, oh casa de Israel? dice Jehová. He aquí que como el barro en la mano del alfarero, así sois vosotros en mi mano, oh casa de Israel»* (v. 6). Ahora en oración permite que el Espíritu Santo tome control de tu imaginación. Y de la mano de Jeremías entra ahora al taller del Alfarero. Puedes observarlo trabajando sobre la rueda. Él está trabajando con una vasija de barro y tú puedes identificarla, esa vasija es tu vida. De pronto esa vasija se echa a perder en su mano. Tal vez puedas dar muchas razones para explicar por qué el propósito de Dios no se está cumpliendo en ti, y puedes pasar el resto de tu vida excusándote y echando la culpa a los demás y a las circunstancias. Pero lo cierto es que la vasija se echó a perder y el proyecto de Dios sigue sin concretarse.

Pero ahora quiero que te fijes en esa vasija, tu propia vida, quebrada, fragmentada, a medio terminar, estropeada, en las manos del Alfarero, y que le oigas decir: «Haré una vasija mejor, según mi parecer. Quiero hacerlo». ¿Puedes confiar en su amor? ¿Puedes confiar en su poder?

No importa cuán lejos estés de su voluntad. ¡Vuelve a las manos del Alfarero!

2

Una vasija desesperada

> *Y volvió y la hizo otra vasija, según le pareció mejor hacerla.*
>
> Jeremías 18.4

El primer paso para permitir que el Alfarero obre en nuestras vidas es reconocer nuestra necesidad de restauración.

Cuando una obra de arte sufre algún golpe y se raja o se despinta, es enviada a un experto restaurador quien con su habilidad logra que los daños desaparezcan y vuelva a ser la misma pieza que salió de las manos de su creador.

Como vimos, el pecado provoca resistencia a la labor del Alfarero y nos impide llegar a ser esa pieza única que Dios quiso que fuéramos. Nuestras faltas actuaron raspando, despintando, rajando, aun quebrando la vasija que es nuestra vida. En este caso nos alienta saber que nuestro Alfarero y Creador, es al mismo tiempo un experto Restaurador. Él siempre está dispuesto a poner sus manos en nuestro ser y volver a encausarnos en su propósito original. Pero para que esto suceda es fundamental que reconozcamos nuestra necesidad. Debe haber en nosotros un clamor a Dios pidiendo ser restaurados. Por supuesto, este clamor no caracteriza a los cristianos fariseos. Ellos piensan que no lo necesitan. Pretenden demostrar que son perfectos. Este clamor le pertenece a aquellos que con sinceridad no se esconden detrás de una careta. Como Asaf, aquel ministro de adoración del pueblo de Dios, que pudo levantar una súplica por su propia vida y por el pueblo pidiendo la restauración. Gracias a Dios, su clamor nos quedó registrado en la Biblia en el Salmo 80. El Espíritu Santo que inspiró a Asaf para esta porción de las Escrituras, va a iluminarte y guiarte a través de este capítulo para que tú también puedas clamar por la restauración de tu vida.

EL CLAMOR DEL QUE SE SIENTE MAL

Este salmo contiene un clamor profundo. No es simplemente una linda canción, es un testimonio, un clamor. Es un gemido colectivo, pero también individual. Es el clamor de Asaf, un hombre que se siente mal. Uno que reconoce su pecado, su situación y con desesperación pide, clama y gime. Y aún repite el pedido, el clamor y el gemido, suplicando por la restauración de su vida.

Ese clamor de Israel y de Asaf es también el clamor de la iglesia y de muchos creyentes en nuestros días. Estoy seguro que es también el clamor de muchos de los que están leyendo este libro. Es la oración del cristiano que siente que su vida cristiana se vino abajo. Que su relación con Dios se enfrió y perdió vigor. Que el pecado empezó a instalarse y la comunión con Dios ya no es la misma. Que percibe a Dios distante, como si hubiese quitado sus manos de su vida.

Este es el clamor del que siente que a causa de haberse apartado de Dios ha perdido la protección: *«¿Por qué has derribado su cerca, dejando que le arranquen uvas los que van por el camino?»*

(v. 12, VP). La cerca que guardaba su vida se vino abajo, los vallados de protección se aportillaron. Todo comenzó con un enfriamiento, siguió con un pecado, pero ahora que la cerca ha sido derribada, está expuesto al ataque de Satanás y ya no le resulta tan fácil volver a lo de antes.

Es el clamor del que siente que le van arrancando las uvas, que le van arrancando las cosas hermosas de su vida cristiana. Aquellas que alguna vez disfrutó de manera personal. No se trata de cosas que alguien le contó, sino que pudo experimentar en carne propia. Pero ahora es como si quedaran solo recuerdos de aquellas experiencias con el Señor, de aquellos momentos tan hermosos, de aquel crecimiento, de aquel amor. En muchas ocasiones me he encontrado con hermanos que me dijeron: «Pastor Claudio, en el año 1992 yo pasé por su iglesia para que usted orase por mí y mi vida fue transformada radicalmente. Pero luego pasaron los años y me fui distanciando, no renové la obra del Espíritu en mi vida y hoy necesito otra vez un toque de Dios que me restaure».

El gemido de Asaf era dramático: «*La destroza el puerco montés, y la bestia del campo la devora*» (v. 13, RV). Es el clamor del que siente que el puerco y la bestia del campo entraron a destruir la viña. Del que sabe que lo sucio y lo inmundo lo están destruyendo. Siente al diablo como león rugiente queriendo devorarlo, pero como las defensas se han caído, los vallados aportillados y las cercas han sido derribadas, entonces no sabe qué hacer.

Es el clamor del que ha intentado orar por esto pero percibe a Dios lejano, enojado, que no escucha. Por eso pide: «*Dios todopoderoso, regresa, por favor, mira atentamente desde el cielo*» (v. 14, VP). Si Dios no escucha, entonces la vida es nada más que lágrimas: «*Nos has dado lágrimas por comida; y por bebida, lágrimas en abundancia*» (v. 5, VP).

Es el clamor del que siente que a causa de su situación el enemigo de su vida se burla y lo escarnece: «*Nuestros enemigos se ríen de nosotros*» (v. 6, VP). Es el gemir del que siente que su vida está como una viña asolada, quemada y cortada. Entonces

Asaf, Israel y nosotros hoy, levantamos este gemido, este clamor, este lamento, este pedido, este ruego: «*¡Oh, Dios, restáuranos! Haz resplandecer tu rostro, y seremos salvos*» (vv. 3,7,19, RV). «*¡Haz que volvamos a ser lo que fuimos! ¡Míranos con buenos ojos y estaremos a salvo*» (vv. 3,7,19 VP). ¡Oh, Dios, restáuranos!

EL CLAMOR DEL QUE RECUERDA LO QUE FUE

Este salmo es la expresión de alguien que recuerda perfectamente que en el pasado su vida fue diferente. No es el pedido de un inconverso. Es el clamor de quien recuerda cómo Dios lo rescató, cómo Dios en otro tiempo echó fuera al enemigo de su vida: «*Hiciste venir una vid de Egipto; echaste las naciones, y la plantaste*» (Salmo 80.8). Es el clamor desesperado de alguien a quien Dios ya le mostró todo su amor, liberándolo y salvándolo.

No es el pedido de un cristiano inmaduro e inestable. Es el ruego de un cristiano que fue plantado por Dios y prendido en sus raíces. No es el pedido de un cristiano pasivo. Es el clamor de un hijo de Dios que recuerda que su vida tenía fruto, que su obra para el Señor se extendía con bendición: «*Los montes fueron cubiertos de su sombra, y con sus sarmientos los cedros de Dios. Extendió sus vástagos hasta el mar, y hasta el río sus renuevos*» (Salmo 80.10,11). No es el pedido de un cristiano centrado en sí mismo. Es el clamor de quien recuerda que su vida servía para dar sombra a los demás, para proteger y cubrir a los más débiles, a los necesitados, para dar la palabra de aliento al caído.

¡Por favor! No vayas a creer que se trata solo de un pedido. Es el lamento, el gemir de quien ha experimentado a Dios y gustado su amor, de quien ha sido salvado y liberado por Él. Nos habla de alguien que echó raíces y creció en su vida espiritual, dando fruto y siendo de bendición a otros. Y precisamente, porque sabe lo que Dios hizo con su vida, porque recuerda su relación con Dios y los resultados de la misma, es que eleva este ruego: «*¡Oh, Dios, restáuranos! Haz resplandecer tu rostro, y seremos salvos. Haz que volvamos a ser lo que fuimos. Míranos con buenos ojos y estaremos a salvo. ¡Oh, Dios, restáuranos!*».

EL CLAMOR DE QUIEN CONOCE A DIOS

No es el pedido de una persona que desconoce quién es Dios. Por el contrario, es el clamor de quien lo conoce muy bien. Es el clamor del cristiano que, precisamente porque conoce quién es Dios, sabe de los recursos que están a su disposición. No hay muchos pasajes de la Biblia en donde haya tanta acumulación de nombres y de atributos de Dios como en este salmo. Por ejemplo, en los versículos 4 y 19 se mencionan tres nombres distintos, uno al lado del otro, enfatizando quién es Dios. Allí donde dice: «Jehová, Dios de los ejércitos», en el hebreo son tres nombres de Dios: *Jehová, Elohim, Sebaot.*

Es decir, es el clamor de quien sabe que Dios es *Jehová*, de quien entiende la expresión: «YO SOY EL QUE SOY». Es el clamor de quien sabe que Dios es el Ser, la existencia misma, el único que puede darle vida. Por eso dice en el v. 18: «*Vida nos darás*».

Es también el clamor de quien sabe que Dios es *Elohim.* Este nombre destaca su poder, excelencia y majestad. Es el clamor de quien sabe que Dios es Rey y Señor. Ruega porque sabe que Él es soberano, poseedor de toda autoridad, quien domina sobre toda realidad.

Y es además el clamor de quien sabe que Dios es *Sebaot*, Dios de los ejércitos, capitán de los ejércitos celestiales, angelicales y de su Iglesia.

Este es también el ruego de quien sabe que el Señor es el *Pastor de Israel,* por eso reclama ser pastoreado, guiado y conducido por Él, y le pide que lo escuche porque sabe que es un Dios que está cerca (v. 1).

Es el clamor de quien sabe que Dios es Santo, por eso le pide que resplandezca, de forma tal que su luz le ilumine (v. 2). Es el gemido de quien sabe que es un Dios salvador, no un Dios que vino a condenar. Por eso le pide en el v. 2: «*Despierta tu poder ... ven a salvarnos*».

Es el lamento de quien sabe que el Señor es un Dios de misericordia. Por eso le pide que deponga su indignación (v. 4), y que lo mire con buenos ojos, sonriendo, con su rostro resplandeciente (v. 3).

No te confundas. No es el pedido de alguien que se acerca a Dios sin conocerle. Es el clamor de quien conoce perfectamente a Dios y porque lo conoce y sabe que es el único que puede renovar y dar vida, que es Señor y Rey del Universo, que tiene poder y majestad, que es el único que lo puede pastorear y guiar a retomar el camino, que es el único tres veces santo, cuya luz puede iluminar su vida, que es el único Salvador capaz de volver a rescatarle, que está lleno de amor y misericordia como para darle una nueva oportunidad y que está cercano y escucha, por eso eleva este grito desesperado: «*¡Oh, Dios, restáuranos! Haz resplandecer tu rostro, y seremos salvos. Haz que volvamos a ser lo que fuimos. Míranos con buenos ojos y estaremos a salvo. ¡Oh, Dios, restáuranos!*».

EL CLAMOR POR UNA RESTAURACIÓN

Asaf, el lider de adoración de Israel, eleva al Señor esta oración y le dice lo que tú tienes que que decirle a Dios hoy. Le ruega a Dios que vuelva a él, que regrese (v. 14). No porque Dios se haya ido, sino porque a causa de haberse alejado él, ahora necesita que Dios vuelva a obrar en su vida.

Le dice a Dios que lo mire con ojos buenos. Que resplandezca su rostro, que le sonría (v. 3). Que su mirada no esté puesta en su pecado. Que la medida con que lo mida no sea su justicia, sino su amor. Le pide que tenga consideración de esta vid. Que así como un día la plantó con amor, ahora vuelva a visitarla (v. 14).

Le recuerda que Israel como pueblo, y él como individuo, son la planta que Él plantó, el renuevo que afirmó para que estuviera en comunión, en intimidad con Él (v. 15). Clama y pide que su mano sea sobre él (v. 17) y finalmente, afirma esperanzado que Dios le dará vida (v. 18).

Asaf le dijo a Dios, lo que nosotros tenemos que decirle hoy: «Señor, vuelve ahora, regresa, míranos con buenos ojos, ten consideración de mí, vuélveme a visitar, yo soy la planta que tú plantaste con amor, yo soy el renuevo que afirmaste para ti. No te olvides de mí, sino sea tu mano sobre mí y dame vida». Dios te da este salmo hoy. Es para ti que ya experimentaste la salvación, el amor de Dios, su poder; que fuiste ungido por Él, que diste fruto, y tu obra en su nombre se extendió. Pero que por distintas razones hoy no estás viviendo esa plenitud, y necesitas renovar tu comunión, necesitas volver a ser el de antes, necesitas que la unción vuelva a ser fresca y poderosa en ti. Dios me dio este salmo para ti hoy. Yo quiero respaldarte espiritualmente. Y que juntos clamemos y le digamos al Señor: «*¡Oh Dios, restáuranos! Haz resplandecer tu rostro, y seremos salvos. Haz que volvamos a ser lo que fuimos. Míranos con buenos ojos y estaremos a salvo. ¡Oh Dios, restáuranos! ¡Oh Dios, restáuranos! ¡Oh Dios, restáuranos!*».

El salmista terminó con una promesa en el v. 18: «*Así no nos apartaremos de ti*». La misma promesa que le tienes que hacer hoy al Señor: «Señor, restáurame, así no me apartaré de ti. Pero primero, Señor, restáurame, haz que vuelva a ser el mismo. Restáurame Señor, úngeme nuevamente».

No importa qué fue lo que le sucedió a tu vasija. Tal vez fue simplemente un rayón. O quizás, el golpe la cascó. Tal vez el daño fue más grave, y el vaso está quebrado y parece que no tiene remedio, que no volverá a servir. No hay necesidad de pensar así. La distancia entre tu situación hoy y el Alfarero Restaurador, es tan solo la de una oración. Si Él ve tu disposición sincera a no volver a apartarte de Él, entonces, te tomará nuevamente en sus manos y hará de ti una vasija nueva, tal como le pareció a Él hacerla.

¿Qué te parece si das el paso superando la distancia? Si lo deseas, haz esta oración conmigo:

Oración:

Señor, te reconozco como mi Alfarero.
Vengo a ti, para ser restaurado.
Confío en tu poder sin límites y en tu amor infinito para conmigo.

Por eso te pido que me restaures.
Que hagas de mí lo que alguna vez fui.
Mírame con buenos ojos, y volveré a ser el mismo.
Quiero que me limpies con la sangre de Cristo, y que
me unjas con el poder del Espíritu Santo.
Que restaures mi ministerio para que vuelva a dar
fruto.
Que a través de mí, tu Reino se extienda sobre la tierra.
Oh Señor, restáurame, y jamás me apartaré de ti.
En el nombre de Jesús. Amén.

3

Una vasija
y sus tiestos

> *Bien que fuisteis echados entre los tiestos, seréis como alas*
> *de paloma cubiertas de plata, y sus plumas con amarillez*
> *de oro.*
>
> Salmo 68.13

Estamos entrando en los tiempos de la gran cosecha. Cosecha de vidas rescatadas para Cristo. Nuestro desafío, nuestra visión es ver nuestra ciudad cambiada y nuestro país transformado. Y Dios quiere usar tu vida y tu iglesia para esa tremenda cosecha, para ese derramamiento especial de su Espíritu. Él quiere usarte a ti y a tu congregación como un vehículo de transformación para tu ciudad, para tu nación.

Y quizás, cuando lees y oyes acerca del avivamiento que viene sobre toda nación, cuando recibes la palabra profética que se ha acercado el tiempo del derramamiento del Espíritu sobre toda carne, dices: «Me gustaría ser parte de esto, quisiera ser parte del mover del Espíritu y llevar a miles de personas a los pies de Cristo». Pero junto con este deseo, inmediatamente corre por tu mente las imposibilidades que hay en ti para concretar ese anhelo. Y tal vez, encuentres en tu vida al menos dos obstáculos principales para poder sentirte parte de este mover e involucrarte ahora mismo en la gran cosecha.

DOS OBSTÁCULOS EN TU VIDA

La mayor parte de las personas creyentes, tienen alguno de estos dos obstáculos que les impiden servir al Señor con libertad y los imposibilitan de ser parte del mover del Espíritu en este tiempo.

El primero de esos obstáculos es sentirse derrotados. Sentir que no tienen el valor suficiente ni las condiciones adecuadas para cumplir semejante desafío.

El segundo estorbo es que la mayoría de las personas han sufrido mucho en el pasado, o están pasando por pruebas y dificultades en el tiempo presente. Entonces, ya sea por el dolor sufrido en el pasado o por el dolor del presente, están centrados y concentrados en sí mismos, en sus problemas, y no pueden ver más allá de su propia dificultad. Es imposible que vean más allá de ellos, que vean la necesidad de otros, la situación de la ciudad, del país. Necesitan que sus ojos espirituales se abran, que las escamas de sus ojos caigan, que el velo sea corrido y puedan ver el plan de Dios, no solo para su vida, sino también para el resto de la gente.

Desvalorización, sentimiento de insuficiencia, de incapacidad, de indignidad. Este es el primer freno. Y la segunda barrera es el sufrimiento sin resolver. No poder encontrar explicación para lo vivido o lo que se está viviendo. Y entonces viven abstraídos con sus problemas.

El pasaje que encabeza este capítulo dice: «*Bien que fuisteis echados entre los tiestos, seréis como alas de paloma, cubiertas de plata, y sus plumas con amarillez de oro*». Como es fácil de notar, los verbos utilizados en el texto señalan dos tiempos. Hay algo que ocurrió en el pasado: *«fuisteis echados entre los tiestos»*. Pero también hay algo que va a ocurrir en el futuro: *«seréis como alas de paloma, cubiertas de plata, y sus plumas con amarillez de oro»*.

TU VIDA ES UN TIESTO

Es importante que consideremos los dos hechos: la acción de lo ocurrido y la acción de lo que Dios quiere hacer en tu vida. Dice, en primer lugar: *«fuisteis echados entre los tiestos»*. Los tiestos son recipientes, vasijas, vasos hechos de barro que se modelaban para usarse con diferente fines. Estas vasijas de arcilla de barro, precisamente por el material con el que estaban hechas, no poseían demasiado valor económico. El salmista a través de esta figura se refiere a la experiencia de muchas personas que fueron consideradas como algo sin valor, como una vasija de barro sin mucha importancia, arrojados allí, entre los tiestos. Desestimadas como algo común, ordinario, que no sobresale.

Como pastor me ha tocado a menudo ayudar a personas que por sus experiencias de rechazo y de abandono, llegaron a sentirse de esta manera. En nuestra iglesia organizamos semanalmente encuentros especiales para enseñar a las personas cómo romper con las ataduras del diablo y avanzar hacia el propósito de Dios. Quiero relatarte algunos de los testimonios recogidos en aquellas oportunidades:

Nací en un hogar cristiano, pero lamentablemente mis padres se separaron cuando apenas tenía cuatro meses. Crecí sin el amor de mi padre. Mi madre me crió y en su condición de madre separada cometió muchos errores. Sufrí mucho, ella me maltrataba sin quererlo y todo eso lo iba guardando en mi corazón. Crecí sin darle un abrazo o un beso, sin decirle que la quería; me sentía mal dentro de mí. El Señor comenzó a tratar con este aspecto que necesitaba resolver en mi corazón. Era como un vaso que estaba rajado, que perdía todo lo que recibía. Siempre le decía: «Señor úsame», pero no creía que Él pudiera hacerlo.

Mientras orábamos sentí que Jesús me tomaba de las manos y me decía: «Yo siempre estuve contigo a pesar de tus malos momentos». Ahora sé, que cuando era una niña, a pesar de que no lo veía, Él estaba conmigo guardándome, preservándome para Él. Le dije al Señor: «Sáname, quiero servirte pero no sé cómo hacerlo. Me levanto y me vuelvo a caer, siento que nunca podré ser útil para ti». En ese momento sentí el abrazo del Señor y pude perdonar a mi padre y a mi madre de todo corazón. Siento que soy otra persona.

Algunos experimentan el rechazo desde su más tierna infancia y con el tiempo llegan a creer que en verdad no valen nada. Si sus mismos padres que los trajeron al mundo no pueden amarlos, ¿qué puede esperar de los demás? Una hermana nos compartía:

Vengo de una familia destrozada. A mí me dejaron fuera de mi casa a los 10 años. Mi madre era alcohólica y mi padre llevaba una doble vida con otra mujer y con otros hijos. El Señor me llevó a amar a mi madre porque yo la odiaba y la maldecía. Renegaba ser su hija y pertenecer a una familia tan malvada, tan perversa, con unos padres que jamás me abrazaron, que nunca me dieron un beso; nunca escuché un «te quiero» de parte de ellos. El Señor trató conmigo y pude perdonar a mi madre que me echaba y me rechazaba. Siento que ahora puedo amarla, acercarme a mi familia y darles un beso sin sentir rechazo dentro de mí.

Todos necesitamos del amor de nuestros padres, necesitamos que nos elogien y estimulen positivamente, necesitamos su protección y aun su perdón, el sentir que nos aman tal como somos y que nos dan una nueva oportunidad. Estas son necesidades básicas de todo ser humano, de las cuales necesitamos ser llenos hasta rebosar. Cuando venimos al mundo como niños indefensos somos semejantes a una vasija vacía que debe llenarse de amor y cuidados. Nuestros padres y familiares tienen una responsabilidad única en tal sentido, pero lamentablemente debemos admitir que en la mayoría de los casos nuestras vasijas no se llenaron lo suficiente, dejando en nosotros dolor y una cierta incapacidad para dar a otros lo que no hemos recibido nosotros mismos. Esta misma verdad nos ayuda a la hora de perdonar y comprender a nuestros padres. Ellos no pudieron darnos aquello que tampoco recibieron. ¿Conoces el trasfondo familiar de tus padres, sus propias historias? Dios trató con el corazón de un joven que guardaba resentimiento hacia sus padres. «Nunca me dieron afecto. Tenían una actitud dura y distante hacia mí», recordaba con dolor. Pero en un tiempo de oración el Señor le cambió su propia perspectiva de los hechos. Dios le mostró la infancia de sus padres. Los vió cuando llegaron a Argentina con sus padres escapando de la guerra en Europa. El Señor le recordó que su padre de niño vendía periódicos en la calle para ayudar a su familia que había llegado en la miseria. Pudo verlo en las mañanas de invierno vestido con una pobre ropa ofreciendo diarios en las calles. Paralelamente, recordó la infancia dura de su madre, también llena de privaciones y dolor. En ese momento no solo los perdonó, sino que él mismo le pidió perdón al Señor por haber guardado este sentimiento de rencor hacia ellos. Y fue tan emotivo cuando públicamente, en una reunión de la iglesia, les pidió perdón a sus padres y pudo decirles cuánto los amaba. No se trata de negar que fuimos dañados por ellos, pero nos ayuda a perdonar cuando comprendemos que ellos no nos dieron lo que tampoco recibieron. Dios te da la oportunidad de romper esta cadena generacional. Quiere llenarte con su perfecto amor hasta que reboses, para que también puedas darlo a otros que lo necesitan.

Una hermana de la iglesia comprendió que estaba repitiendo su historia familiar, llena de carencias, proyectándola sobre sus propios hijos. Nos decía:

Cuando comprendí el perdón según la Biblia, mis ojos se abrieron a otra realidad. Yo decía: «Señor, ya perdoné al papá de mis hijas, a pesar de su abandono e indiferencia».

Pero mientras oraba, el Espíritu Santo me recordó que hacía nueve años no tocaba, ni abrazaba a mis hijas. Recordé también a mis hermanos cuando me llamaban «mamá soltera» y me recordaban los nacimientos de mis hijas, y la tristeza que me producía todo esto. Al no ser casada, venía a la iglesia, veía a los matrimonios y decía: «¿Por qué a mi no?» Tuve un padre que no me quiso y no tengo marido, ¿por qué siempre tengo que estar sola? Cuando se tocó el tema del rechazo, yo decía: «Señor estoy en mi casa, trabajo, cuido a mis hijas, soy madre y padre, ¿por qué no tengo un marido en quien apoyarme?» Y Dios comenzó a tratar con mi vida. Mientras me llenaba de su amor y me hacía libre de toda dependencia humana. ¡Él es mi amado, mi todo! Paralelamente se me abrieron los ojos con relación a mis hijas. Con dolor tuve que admitir que había cargado sobre ellas gran parte de mi dolor y frustración. Cuando nació la mayor pude abrazarla recién a los dos días de nacida, sentía rechazo hacia ella, quería un varón. A mi hija menor la escondía porque era fea. Luego de este tiempo con Dios, solo quiero llegar a mi casa y pedirle perdón a mis hijas, quiero abrazarlas, quiero amarlas.

¡Cuánto necesitamos el amor de los demás y cuántas veces no lo tuvimos! Nos hemos llegado a sentir como hombres y mujeres sin valor, echados entre los tiestos. Otra hermana contó:

El Señor trajo a la luz algo que yo tenía oculto desde mi infancia. Cuando todos decían que éramos especiales para Dios, que éramos únicos, yo decía: «Amén», pero no lo podía creer. Hace tres años y medio que soy cristiana y ahora es que Dios me ayudó a entender de dónde venía esto. Mis hermanas tenían un carácter muy dominante y yo siempre quedaba a un lado. Ellas hacían todo y yo me acostumbré a desligarme, me sentía insegura. El Señor me mostró que era especial para Él, que Él me ama y soy la niña de sus ojos. Se rompieron las cadenas y tengo un nuevo corazón.

En ocasiones aún los pequeños detalles cotidianos marcaron la vida de muchos. Recuerdo a una hermana, ya mayor, que con lágrimas en los ojos, nos decía:

> *Este tiempo de ministración me llenó mucho, porque nunca tuve el amor de mi madre. Ella nunca me peinaba; cuando me sentaba a la mesa, lo hacía de mala manera y me obligaba a tomar el desayuno. La sentía áspera, distante, fría. El Señor me dijo: «Si yo la perdoné, ¿por qué tú no puedes perdonarla?» He sido liberada de ese dolor.*

Tal vez, tú, querido lector, te sientas así. Quizás fuiste desvalorizado en tu etapa formativa en esos primeros años de tu vida. Quizás no te dieron el reconocimiento que necesitabas y desarrollaste en ti una estructura de personalidad insegura, inestable, con fuertes sentimientos de inferioridad. Te miras al espejo y te dices: «Soy alguien sin mucho valor, sin demasiada importancia, soy común, uno más, alguien ordinario, que no se destaca ni sobresale. Soy apenas un tiesto». Luego levantas tu mirada al cielo y le dices al Señor: «Así que si tú quieres hacer algo en esta ciudad, en esta nación, vas a tener que buscarte alguien más valioso porque yo no sirvo». No recibiste la valorización adecuada, te echaron entre los tiestos, y ahora sientes que no sirves para mucho, que no tienes demasiado valor y que no puedes ser usado por Dios para algo verdaderamente grande y trascendente como es un avivamiento en tu pueblo, en tu nación.

Tal vez las circunstancias de la vida no fueron positivas y te sientes frustrado.

En mi testimonio personal, recuerdo de una manera muy especial los años de duro quebrantamiento en mi vida. Mi ministerio no prosperaba. Había salido del seminario con el ímpetu de todo joven, pero la realidad de mis propias limitaciones se hacía cada vez más evidente. Me sentía frustrado. Era un pastor sin ovejas. Cuatro dulces ancianitas y mi propia familia fueron toda mi congregación durante siete largos años. Cuando hacía frío solo Betty, mi esposa, estaba para oír mi sermón. Hubo ocasiones en que de improviso vinieron pastores o misioneros amigos a presenciar el culto y me encontraron solo. Sentía ganas de morir, de desaparecer. El diablo se hacía un festín. Me susurraba al oído: «Te equivocaste, no sirves para esto, jamás progresarás». Y hubo momentos en que pensé dejarlo todo. Estaba resentido, creyendo que era una víctima y nadie se interesaba por mí. Además la situación económica era deplorable. Apenas podía alimentar a mi familia. Vivíamos en una casa tan antigua y arruinada que ni siquiera tenía agua caliente, y allí mismo, en una pequeña habitación que acondicionábamos cada noche, realizábamos nuestras reuniones. Dios trató conmigo en aquellos años y me enseñó a depender de Él solamente.

¡El Alfarero quiere restaurar tu vida!

Pero hay una segunda traba que debemos considerar. La palabra «tiesto», además de vasija de barro, tiene otro significado. Tiesto es también un pedazo de esa vasija. Cuando una vasija se rompía, lo hacía en diferentes tiestos. Cada uno de esos pedazos es un tiesto. Por ejemplo, dice la Palabra en Job 2.8 que *Job tomaba un tiesto para rascarse con él y estaba sentado sobre cenizas.* No se rascaba con un jarrón. Se rascaba con un pedazo del jarrón que estaba roto y ese tiesto que era filoso, le servía para quitarse la picazón que lo molestaba. Es decir, tiesto es un pedazo de esa vasija de barro. Isaías 30.14 dice: «*Y se quebrará como se quiebra un vaso de alfarero, que sin misericordia lo hacen pedazos; tanto, que entre los pedazos no se halla tiesto para traer fuego del hogar, o para sacar agua del pozo».* Es decir, Isaías dice que el vaso había sido quebrado de tal manera que no quedaba un tiesto, un pedazo lo suficientemente grande como para contener un poco de agua del pozo o de brazas del hogar.

El tiesto, en esta segunda acepción, es el resultado de algo que se ha quebrado, de una vasija que se ha partido, de un recipiente que ha sufrido una rotura, es decir, el tiesto es un pedazo de barro, pero un pedazo de barro quebrado y seco. El mismo David, en otro de sus salmos dice: *«Como un tiesto se secó mi vigor»*, como un pedazo de vasija seca, de barro seco, así se secó mi vigor *«y mi lengua se pegó a mi paladar, y me has puesto en el polvo de la muerte»* (Salmo 22.15). Este puede ser el segundo obstáculo por el cual piensas que Dios no puede usarte. Primero dijiste: «yo soy nada más un vaso de barro» y Dios, para que pueda glorificarse, necesita hacerlo a través de alguien más valioso, alguien más extraordinario. Pero el segundo freno se presenta cuando dices: «Mi vida está hecha pedazos. Fui tirado entre los tiestos. Soy un pedazo más de algo que se quebró, de algo que no llegó a ser, de algo que se destruyó y me siento, como decía el salmista, seco. Estoy como un tiesto seco. Mi lengua se pegó a mi paladar y me has puesto en medio de las cenizas. Estoy hecho pedazos. Me han destruido sin misericordia».

¡Cuántas situaciones que suceden en un instante marcan la vida para siempre! Como si una tonelada de peso cayera de golpe sobre el vaso de barro haciéndolo pedazos. Situaciones de abuso sexual producidas en la más tierna infancia dejan a la persona quebrada para siempre. Si es una mujer, tal vez rechace a su cónyuge o desconfíe de todos los hombres, o aun se rechace a sí misma. Recuerdo con dolor a una hermana, ya mayor, que confesaba por primera vez en su vida haber sufrido de abuso sexual. Las imágenes y sensaciones estuvieron impregnadas en su mente cada día de su vida. Rechazaba su cuerpo y no lograba una vida matrimonial normal. Este hecho que dejó confusión, rencores y humillación, se produjo en cuestión de segundos, pero sus efectos, el daño producido, perduró durante muchísimos años. Gracias a Dios, que Jesucristo, nuestro sanador salió a su encuentro para librarla de su dolor.

Una situación de adulterio, el sentirse tan injustamente defraudado por quien menos lo esperamos, deja quebrada la vasija. Necesitamos la restauración del Maestro.

Podríamos mencionar también situaciones de estafa o crisis económica que dejan a la familia en la miseria, y producen un quebranto interior del que muchos no logran salir.

Las desilusiones, las traiciones de los demás, las diferentes circunstancias que has tenido que atravesar, han hecho que ese jarrón que eras tú, esa vasija maravillosa, se destruyera y quedaran tiestos que para lo único que pareciera que sirven es para rascar a un sarnoso. Y entonces, pensamos: «Señor, ¿de qué avivamiento me estás hablando, de qué bendición para los demás me estás hablando si no puedo ni con mi propia vida? ¿Cómo me vas a usar para la transformación de una ciudad si ni siquiera puedo resolver mi propia frustración, mi propio dolor?» Tal como dice el pasaje, fuiste echado entre los tiestos. Desvalorizado, apenas un vasito de barro. Peor, ni siquiera eso, pedazos, un vaso de barro, pero hecho pedazos. Y fuiste tirado allí, entre los desperdicios. ¿Te sientes así? Si es así, quiero decirte, con la autoridad que me da el Señor, que lo que estás sintiendo tal vez sea cierto, pero cierto hasta hoy. Porque eso es solo una parte de la historia. La historia de lo que ocurrió hasta hoy en tu vida. Pero hay una segunda parte que es lo que Dios quiere hacer de aquí en adelante contigo.

UNA PALOMA CON ALAS DE PLATA Y PLUMAS DE ORO

¿Qué hará Dios en el futuro? Observa con atención lo que dice el pasaje: *«Seréis como alas de paloma cubiertas de plata, y sus plumas con amarillez de oro»*. El Señor dice que te hará semejante a alas de paloma revestidas de plata. Y en la Biblia la plata es símbolo de purificación: *«como plata refinada en horno de tierra, purificada 7 veces»* (Salmo 12.6). La plata es pasada por el fuego y allí, sometida al intenso calor, es refinada, purificada 7 veces. *«Porque tú nos probaste, oh Dios; nos ensayaste como se afina la plata»* (Salmo 66.10).

Y dice también que las plumas están cubiertas de oro. Y el oro en la Biblia es símbolo del metal más precioso. Por ejemplo, el profeta Isaías nos dice: *«Haré más precioso que el oro fino al varón, y más que el oro de Ofir al hombre»* (Isaías 13.12). Es decir, para Dios nosotros somos lo más valioso. O puedes leer 1 Pedro

5.7: «*Para que sometida a prueba vuestra fe, mucho más preciosa que el oro, el cual aunque perecedero se prueba con fuego, sea hallado en alabanza, gloria y honra cuando sea manifestado Jesucristo*». Todo esto significa que el Señor te dice: «Tú has sufrido desvalorización y quebrantamiento, pruebas y dolor. Pero yo voy a tomar eso y voy a hacer de ti algo diferente. Voy a transformarte. Serás como alas de paloma. Alas revestidas de plata, purificadas y con plumas cubiertas de oro, el metal más valioso». Dios te está mostrando el propósito por el cual has vivido tantas cosas dolorosas en tu vida. El Señor te enseña el «para qué» de tu sufrimiento. Tu vida pasó como la plata por el fuego de la prueba. Y posiblemente, me puedas corregir diciendo: «Pastor Claudio, no solo como la plata pasé por fuego, sino que pasé por él siete veces. No lo pasé en un solo aspecto. No lo pasé una sola vez. Siete veces mi vida fue probada. Y cuando parecía que salía de una prueba, entraba en otra. Y todavía estoy en medio del fuego, todavía estoy adentro del horno».

Pero Dios te explica que así como la plata es refinada por el fuego de la prueba, así tu vida es refinada. Porque Dios tiene un propósito. Porque Dios quiere hacer algo con tu vida. Pero Dios te dice algo más. Él te promete que te va a transformar. Que cambiará tu sentimiento de desvalorización para que seas recubierto de oro, del metal más precioso. Es decir, tu vida revestida de todo el valor que Dios quiere darle, tu vida revestida de lo más precioso que Dios tiene para ti. Esto es lo que Dios quiere hacer contigo.

Pero el cambio, entre lo que fuimos y lo que Dios quiere que seamos, es una transformación operada por Él. No es que repentinamente, por casualidad, o por causa del destino somos transformados de tiestos en palomas con alas de plata y todos cubiertos de oro, sino que tú tienes que permitir que Dios realice su obra en tu vida. El Dios todopoderoso quiere que dejes de ser un tiesto tirado en un rincón, para que comiences a ser una paloma con alas de plata y plumas cubiertas de oro.

En la Biblia la paloma es símbolo de dos cosas. La primera de ellas es que la paloma es señal de las primicias de la nueva creación de Dios. Dice la Palabra de Dios en Génesis que después del diluvio *la paloma volvió a Noé a la hora de la tarde y traía una hoja de olivo en el pico y porque vio la paloma con la hoja de olivo en el pico, entendió Noé que las aguas se habían retirado de sobre la tierra* (véase Génesis 8.11). La paloma es símbolo de recreación. Pero también la paloma es símbolo de la acción del Espíritu Santo, de la presencia del Espíritu Santo. Veamos este texto: *«Y Jesús, después que fue bautizado, subió del agua; y he aquí que los cielos le fueron abiertos, y vio al Espíritu Santo que descendía como paloma, y venía sobre Él»* (Mateo 3.16).

Dios toma tu vida y te transforma en primicia de la nueva creación que Él quiere hacer. ¿Sabes lo que significa primicia? Lo primero, la primera obra de su nueva creación. Dios primero te hace de nuevo. Como el Alfarero, pone primeramente sus manos en ti y comienza a modelarte nuevamente. Él te dice que no está todo perdido. Aunque te echaron allí entre los tiestos, Él te recoge, y va a hacer de ti una obra de arte. No hará solamente un vaso cualquiera, va a hacer una paloma, revestida de plata, revestida de oro, y va a poner sus manos para reconstruirte. Pero además, hará esta obra maravillosa de reconstrucción en tu vida para que seas primicia de la nueva creación, de la renovación, de la restauración, que hará en toda la tierra, por medio de su Espíritu Santo.

TU PARTE EN EL OBRAR DE DIOS

Estoy seguro que tu pregunta en este momento es: «¿Cuál es mi parte para que todo esto suceda? ¿Qué es necesario que yo haga?» La primera cosa es tener una actitud de sencillez. Jesús dice que tenemos que ser sencillos como palomas. Dios quiere hacer una paloma de nosotros. Sencillos como palomas. Una actitud simple, no dividida, una actitud llana delante de Dios. Sincera. Con mucha franqueza, dile al Señor: «Aquí está mi vida, me siento como un tiesto. Me siento echado allí entre las cosas de barro, entre las cosas ordinarias, hecho pedazos, quebrantado, hecho polvo; siento que sirvo nada más que para

rascar la sarna de un hombre en desgracia como lo fue Job».
Háblale de tus quebrantos. Un corazón sincero es lo primero
que Dios necesita para operar el cambio.

Pero hay una segunda cosa que Dios requiere. La paloma
era el sacrificio más simple que el pueblo de Israel le brindaba
al Señor. Era el sacrificio de los pobres. El que no podía llevar
un cabrito o un venado, llevaba una paloma. Y lo que Dios
quiere, aunque sientas que tu vida no vale mucho, aunque no
seas un cabrito ni un venado, es que lo mucho o lo poco que
seas se lo entregues por completo a Él como sacrificio. Como
la paloma, que te entregues como un sacrificio blanco, puro,
limpio, consagrado completamente a Él. Entonces Dios tomará
tu vida y te transformará en primicias de la nueva creación que
Él quiere hacer, de la cosecha que Él quiere darnos, del avivamiento que quiere soplar sobre tu ciudad. Él desea transformarte en un portador de la presencia de la paloma santa, el Espíritu
Santo, para la bendición de otros.

¿Qué harás con tu vida? ¿Serás tiesto o paloma? Intercedo
por ti para que el Señor te transforme «en paloma con alas de
plata y plumas cubiertas de oro».

4

Una vasija vacía

Se sentaron tristes en tierra, y subió el clamor de Jerusalén.
Los nobles enviaron sus criados al agua; vinieron a las
lagunas, y no hallaron agua; volvieron con sus vasijas vacías;
se avergonzaron, se confundieron, y cubrieron sus cabezas.

Jeremías 14.2-3

El texto del epígrafe nos dibuja de manera clara algo que ocurre con mucha frecuencia en nuestras vidas. Proyectamos nuestros objetivos y creemos que alcanzaremos lo que estamos buscando. Pero cuando nos lanzamos hacia el cumplimiento de lo soñado no encontramos el agua anhelada, y volvemos con nuestras vasijas vacías. La desilusión golpea duramente nuestra vida y un estado de vergüenza y de confusión cubre nuestra mente. Vergüenza, porque empezamos a pensar qué dirán los demás al ver nuestro fracaso y nos sentimos como unos tontos frente a semejante frustración. Pero también confusión, porque no entendemos en qué fallamos para que no se concretase nuestro anhelo. Le preguntamos a Dios por qué permitió que nos metiéramos en algo así. Y un profundo sentido de postración se instala en nuestro ser. El desánimo controla nuestra vida, nos quita las ganas de volver a empezar, de salir adelante, de levantarnos. Comprobamos cuán cierta es la palabra de Proverbios 18.14: «*El ánimo del hombre soportará su enfermedad; más ¿quién soportará al ánimo angustiado?*».

Sí, es cierto que la desilusión es un arma poderosa con la cual Satanás ataca a las personas para provocar este estado de postración. Es una de las frustraciones universales a las que todos nos tenemos que enfrentar y una de las cosas que necesitamos resolver para afrontar la vida sin evadirnos y con una visión esperanzada.

CONSIDEREMOS QUÉ ES LA DESILUSIÓN

Estar desilusionado significa estar descontento porque los proyectos, en el cual teníamos nuestras esperanzas, han fracasado. La desilusión es ese abatimiento que uno siente cuando ve que sus planes, sus sueños y convicciones, se estrellan delante de sus ojos ante la realidad de la vida.

Si bien el diablo utiliza la desilusión para derrotarnos y el sentimiento que experimentamos cuando nos desilusionamos es muy doloroso, yo creo, sin embargo, que es positiva para nuestras vidas. El diccionario dice que desilusión significa pérdida de la ilusión, desengaño. Si la desilusión permite que ya no vivamos de ilusiones, ni vivamos engañados, sino que nosotros experimentemos *des-ilusión* y *des-engaño*, entonces, bienvenida sea.

Muchas personas viven de ilusiones. Pero la palabra ilusión, deriva de un vocablo en latín que significa engañar. La ilusión es un error de los sentidos o del entendimiento. Hace que tomemos las apariencias como si fueran realidades. El iluso es el que es víctima de un engaño. Por eso es muy bueno que, a partir de lo que te sucedió, te hayas des-ilusionado y des-engañado.

Ahora la desilusión es buena únicamente si somos capaces de comprender cuál ha sido la ilusión en la que hemos caído, si entendemos de qué engaño hemos sido víctimas. Hay seis ilusiones o engaños principales en los que los creyentes caen y que luego sienten el dolor de la desilusión. Quiero que entiendas que aunque lo que te duele es la desilusión, esta es solo el resultado lógico de lo verdaderamente malo que fue haberte ilusionado de manera engañosa. Por eso es muy importante que adviertas estas seis ilusiones más comunes.

Desilusiónate de tus proyecciones

La primera de las ilusiones es engañarnos viviendo proyectados hacia el futuro y olvidándonos de vivir hoy. Hay personas que viven pensando en el mañana, haciendo planes, tratando de discernir la voluntad de Dios para su futuro, orando por las cosas del porvenir únicamente. Y mientras viven orientados hacia el mañana hipotecan el presente. Es bueno prever lo que vendrá, pero si eso impide que yo pueda vivir plenamente el hoy, estoy cayendo en una evasión ilusoria. En lugar de enfrentar la realidad del hoy huimos mirando hacia adelante. Como dice un proverbio ruso: «con la leña prometida no se calienta la casa».

Además, la ansiedad que provoca esta actitud futurista nos llena de carga y angustia. Sin embargo, por la Palabra somos animados a echar todas nuestras ansiedades sobre el Señor sabiendo que Él tiene cuidado de nosotros. Como dijo un filósofo francés: «En lo que se refiere al mañana, solo sabemos una cosa con certeza: que Dios se levantará antes que el Sol».

Es bueno planificar y organizar nuestra vida. Pero si nuestra actitud es solo proyectista, nunca concretaremos nada en la vida. Hacer un proyecto para levantar un edificio es algo esencial. Pero si solo tengo proyectos y nunca me lanzo a construir, por fantásticos que sean mis proyectos, jamás tendré un edificio. Hay muchos creyentes que viven haciendo planes. Cada vez que hablamos con ellos tienen un proyecto nuevo, pero nunca podemos verlo cristalizado.

El creyente debe conocer la voluntad de Dios. Sin embargo, hay muchos cristianos que viven preguntándose e interrogando a los demás acerca de cuál será la voluntad de Dios para su futuro. Y lamentablemente, mientras se cuestionan por el por venir, no hacen la voluntad de Dios que se está revelando en el presente.

La oración es un recurso maravilloso, y qué fantástico es poder utilizarla para pedir por cosas que sucederán en el futuro. Cuánta descarga de ansiedad hay en nuestras vidas cada vez que oramos por lo que está adelante. Pero, qué problema es cuando las realidades presentes siguen sin modificarse. Mientras oramos por planes y cosas futuras, el hoy se nos escurre por entre los dedos. Alguien dijo que la vida es algo que sucede mientras estamos ocupados haciendo otros planes.

Lo cierto es que Jesús nos desafió a vivir día a día. El único día que nos dio para administrar y hacer su voluntad es el hoy. Por eso su exhortación es fuerte cuando nos dice: «*No os afanéis por el día de mañana, porque el día de mañana traerá su afán. Basta a cada día su propio mal*» (Mateo 6.34). Así que si estás sufriendo porque un proyecto se desmoronó, bienvenida la des-ilusión. Me alegro que te estés des-engañando. El proyecto se destruyó, pero Dios pone ladrillos en tus manos ahora para que empieces hoy a construir.

Desilusiónate de tus planes

Una segunda ilusión es creer que podemos planificar la vida por nuestra propia cuenta, sin que Dios intervenga. La desilusión es un fuerte llamado de la atención por parte de Dios, que nos hace observar detenidamente qué planes estábamos persiguiendo. ¿Son mis planes o los de Dios?

El dolor experimentado por la desilusión sufrida es el resultado de que nos hemos ilusionado, engañado, construyendo nuestra vida sobre la base de nuestros planes y no sobre los de Dios. Si somos capaces de entender y creer firmemente en esto, entonces el siguiente paso es decirle al Señor que nosotros no queremos volver a planificar, sino que deseamos sujetarnos a sus designios. Ya no haré más mi voluntad, sino la de Dios. Toma conciencia de que lo que más estás necesitando de ahora en adelante es que el plan divino se cumpla plenamente en tu vida. ¿Estás desilusionado? ¿Te encuentras desesperanzado? No temas. Hay algo positivo en esto. Dios te está llamando. El fracaso de tus proyectos se halla dentro del dominio de Dios y Él lo usa para que adquieras conciencia de que necesitas del plan divino.

Desilusiónate de tu idea de felicidad

La ilusión de creer que la felicidad depende de que nuestros sueños se concreten es otra fuente de engaño que está aparejada al sufrimiento. Esta historia lo refleja:

«En el invierno de 1991, antes de ejecutar la decisión de quitarme la vida y la de mi hija, acostada en mi cama mirando al techo, dije clamando al cielo: ¿Para qué me trajiste a esta vida, Dios mío?».

Así comenzaba una carta que llegó a mi oficina, y continuaba:

«Recuerdo que sufría de una profunda depresión por desilusión y desesperanza. Estaba vacía, no podía ver más allá de mi encierro y mi preocupación. No podía seguir adelante porque todas mis aspiraciones: la familiar, la matrimonial, la profesional, la maternidad, habían sido destrozadas por una mano oscura llamada violencia y destrucción. Una mano llena de materialismo, indiferencia, competencia, seducción, frivolidad, mentiras, egoísmo, fracasos y frustraciones, que me hacían repudiar mi propia vida y creer que la muerte era una prometedora salida a mis problemas».

Este es un ejemplo de los millones de personas que existen que buscaron la felicidad en cosas buenas, pero que confiaron más en sus logros que en el amor de Dios.

La felicidad es mucho más que la emoción que sentimos en lo profundo de nuestro ser cuando se ha cumplido un deseo. Los sicólogos nos explican que el deseo produce ansiedad y, aunque el deseo finalmente se concrete, tarde o temprano, esa ansiedad traerá su consecuencia negativa. Por eso la vida es mucho más que la emoción de logros obtenidos. Uno no puede vivir alimentándose de emociones. Es como pretender que un niño crezca sano y fuerte nutriéndolo solo con caramelos y golosinas. Alimentarse solamente con la emoción del logro obtenido es un error que se paga muy caro. Cuando el éxito no se logra, cuando el sueño no se concreta, cuando el anhelo no se realiza, los dolores que experimentamos son tan fuertes como las emociones que nos afectan. Un sentido de desdicha e infelicidad se apodera de nosotros, y nada de lo obtenido en el pasado alcanza para compensar la sensación de insatisfacción que controla nuestra vida.

Un gran pensador dijo: «Todo aquel que insiste en ser feliz del modo que lo ha imaginado, donde y al lado de quién lo ha imaginado, termina forjando su propia infelicidad. La felicidad es algo más que nosotros mismos; por lo tanto no es ella la que debe entrar en nuestros planes, sino que estos deben adaptarse al infinito de Dios, de donde nace y proviene la felicidad».

La verdadera fuente de felicidad está en nuestra comunión con Dios. El salmista luego de mucho sufrimiento comprendió esto, y entonces pudo afirmar: *«No hay para mí bien fuera de ti ... A Jehová he puesto siempre delante de mí; porque está a mi diestra, no seré conmovido ... Se alegró por tanto mi corazón, y se gozó mi alma; mi carne también reposará confiadamente ... Me mostrarás la senda de la vida; en tu presencia hay plenitud de gozo; delicias a tu diestra para siempre»* (Salmo 16.2,8,9,11).

David afirma que nada podría llegar a conmoverlo. Nada lo desilusionaría. Porque la fuente de su gozo, de su felicidad, lo que daba plenitud a su vida, no eran sus sueños, sino estar en la presencia de Dios. Disfrutar de la comunión íntima con el Señor. El Alfarero nos ha creado para estar en sus manos. Como dijo uno de los padres de la Iglesia: «Señor, hemos sido creados para ti, y nuestra alma permanece inquieta hasta hallarte». Solo en Él encontramos la auténtica plenitud, la verdadera realización y felicidad duradera.

Desilusiónate de ser reconocido

Una cuarta ilusión engañosa es aquella que nos hace creer que tenemos que formarnos una personalidad que vaya por el mundo cosechando el reconocimiento y la aprobación de las personas. Esta actitud es una, de las fuentes más fuertes de desilusión. Muchos creyentes no pueden vivir en plenitud porque son esclavos de la opinión de los demás. Muchos de los que sirven aun en la iglesia tienen la necesidad de reconocimiento y la aprobación en el trabajo realizado. Pero poco después que lo reciben empiezan a sufrir. Se hacen dependientes; tienen que empezar a responder a las expectativas de los demás; tienen que mantener la aprobación. La tragedia sobreviene cuando el elogio no llega, o lo que es peor aún, cuando en lugar de aprobación recibimos crítica. Es allí cuando la desilusión nos estrella contra la realidad. Pero cuando en lugar de buscar aprobación y reconocimientos humanos, hallamos la aceptación de Dios y su amor incondicional, y nos aceptamos a nosotros mismos y a los demás, así como Dios lo hace. Nunca más sufriremos de este tipo de desilusión, porque Dios es fuente inagotable de aceptación, de amor, de valorización. Nunca más seremos esclavos de los demás y de sus opiniones.

Desilusiónate de esperar cambios exteriores

La quinta ilusión que nos lleva por un camino que a la larga nos conduce al sufrimiento es el engaño de creer que si las circunstancias llegaran a cambiar, entonces seré feliz. O que mi felicidad depende de lo que suceda alrededor de mí. Esto es una tontería. Es como creer que uno va a convertirse en un gran tenista con solo cambiar la raqueta. La mayoría de los creyentes pasan el noventa por ciento de su tiempo de oración pidiendo que Dios les cambie las circunstancias. Son pocos los que piden: «Señor, cámbiame a mí». Y entonces viven en «stand by». Viven en la lista de espera. Aguardan que cambie el jefe en la oficina, que la esposa modifique su conducta, que la suegra se mude, que el gobierno tenga un plan que lo beneficie, etc., es decir, vive de desilusión en desilusión. No esperes más que los demás cambien o que las circunstancias se modifiquen. Eres tú el que tienes que cambiar y a partir de tu transformación las circunstancias serán afectadas.

Desilusiónate de las personas

Pero creo que la desilusión más dolorosa de todas es aquella que tiene por causante a una persona. Sentimos desilusión cuando confiamos en que una persona va a actuar de una manera y hace lo contrario. Ese amigo que nos falló, cuando lo necesitábamos. Ese jefe que nos hizo una mala jugada. Ese ser querido que nos estaba engañando y de pronto lo descubrimos. Ese padre o esa madre a quien venerábamos y de pronto por alguna razón su imagen se nos vino abajo. Ese político en quien habíamos depositado nuestra fe, nuestra confianza y una vez más nos hace sentir defraudados. El pastor que nos decepciona porque de pronto vemos en él una actitud equivocada.

Una joven de nuestra iglesia nos relataba días atrás su experiencia. Creo que ilustra perfectamente este punto:

«Lo que más amaba en la vida era mi novio porque sentía que de alguna manera todos me habían abandonado. Mis padres biológicos me dieron a una familia para que me criase. Me enteré que era adoptada cuando un día mi *madre*, harta de mis rebeldías y malos tratos hacia ella, me dijo crudamente que yo no era su hija y que esta no era su familia y comenzó a reprocharme todo lo que me había dado y había hecho por mí. El dolor fue tan grande que caí en un terrible pozo depresivo. Los médicos y los sicólogos me visitaban para ayudarme, pero no obtenían ningún resultado. Vivía atormentada, no quería hablar con nadie. Un día vi las pastillas que tomaba mi mamá para los nervios y me tomé toda la caja para terminar con mi vida; me salvé por un milagro. Había dejado una nota de despedida a mi madre la que encontró y en su desesperación, comenzó a acudir con mi ropa y mi foto a toda clase de brujos y curanderos buscando ayuda. En ese tiempo, mi novio era la única fuente de seguridad y amor que yo tenía. Yo confiaba en él y le contaba todo lo que había en mi corazón. Un día, él se quedó en su casa a estudiar y yo decidí visitar a una amiga que vivía justamente a la vuelta de su casa. Cuando descendí del ómnibus, vi en la misma parada a mi novio abrazado con una amiga mía y besándose con ella. No lo podía creer. Los miré con suma tristeza, porque ya no tenía ni fuerzas para enojarme. Llegué a mi casa cansada de que todo me saliera mal y sintiendo que no había ni una sola persona en el mundo que me quisiese».

Ilusionarnos con las personas y que nos fallen, produce mucho dolor. Pero hasta que no nos despojemos del engañoso pensamiento de que podemos confiar en los demás, no dejaremos de sufrir. Esto suena muy exagerado, pero no lo es. El salmista afirmó: «*Mejor es confiar en Jehová que confiar en el hombre. Mejor es confiar en Jehová que confiar en príncipes*» (Salmo 118.8,9). Y el autor del Salmo 146 aún es más duro cuando rotundamente dice: «*No confiéis en los príncipes, ni en hijo de hombre, porque no hay en él salvación*» (v.3). Ahora, es preciso que entendamos bien lo que la Palabra de Dios enseña. No se trata de asumir una actitud cerrada de desconfianza ante las personas. No es que debemos convertirnos en escépticos que no creen en nadie y que se aíslan sin relacionarse con nadie para no ser heridos. Lamentablemente esta es la actitud que toman muchos después de haber sido desilusionados. Pero no se trata de eso. Cuando la Palabra nos dice que no debemos confiar en las personas, lo que está diciendo es que no debemos hacer descansar nuestra felicidad en la gente, porque esto es una ilusión engañosa. El ser humano es pecador y no podemos esperar otra cosa de las personas que nos rodean. Aceptemos el hecho de que en algún momento nos van a fallar. Pensar de manera distinta sería desconocer la naturaleza humana.

Para que no nos suceda lo mismo, es preciso que entendamos a las personas como son, es decir seres humanos falibles y las amemos de esa manera. Mantener una visión realista del ser humano nos protege de vivir desilusionados a causa de que las personas nos fallan. Pero junto con esto, es preciso que nuestra confianza esté puesta únicamente en Dios.

UNA CONFIANZA SEGURA

En un momento muy especial del pueblo de Israel en que la gente estaba desanimada y desilusionada porque su gran líder no iba a poder acompañarles para conquistar la tierra, Moisés les dice:

> *Esforzaos y cobrad ánimo; no temáis, ni tengáis miedo de ellos, porque Jehová tu Dios es el que va contigo; no te dejará ni te desamparará. Y llamó Moisés a Josué, y le dijo en presencia de todo Israel: Esfuérzate y anímate; porque tu entrarás con este pueblo a la tierra que juró Jehová a sus padres que les daría, y tú se la harás heredar. Y Jehová va delante de ti; Él estará contigo, no te dejará ni te desamparará; no temas ni te intimides.*
>
> Deuteronomio 31.6-8

Si estás frente a la desilusión y a la desesperanza en tu vida debes saber que Dios está contigo y que Él tiene en sus manos los hilos de la historia y que controla todo lo que te pasa. Es decir, que cualquier cosa que te suceda, no escapa a su dominio. No es el azar el que controla tu vida. No son las circunstancias quienes te gobiernan. No es un «destino» el que determina tu existencia. Si Jesucristo es el Señor de tu vida, Él ejerce soberanía sobre todas los aspectos de ella.

Cuando uno permite que esto ocurra, entonces puede enfrentar la vida con la paz y la seguridad de que nada escapa al control de Dios y si esto es así, entonces todo estará bien, porque el Dios que lo gobierna todo nos ama entrañable, incondicional y eternamente. Su voluntad siempre es lo mejor para nuestras vidas, porque es el resultado de la acción poderosa de quien nos ama; de un Dios que no solo quiere lo mejor para tu vida, sino que además tiene poder para realizarlo porque Él es soberano.

El Alfarero permite que nos desilusionemos, porque con sus manos está sacando las imperfecciones provocadas por las ilusiones engañosas. En algunas ocasiones deja que nuestros sueños fracasen para traernos a la realidad presente. Dios a veces tiene que permitir que nuestros planes se derrumben para que aceptemos el plan perfecto que como Alfarero Creador tiene para nosotros sus frágiles vasijas. En otras ocasiones tolera que las personas nos lastimen, para que nuestra confianza se deposite solo en Él. Si en este momento tu vida es una vasija vacía a causa de la desilusión y la frustración, quiero que sepas que el Alfarero, el Dios que te ama, quiere llenarte de su presencia de una manera especial. Abandona la sensación de fracaso y vuelve al taller del Alfarero.

5

Una vasija quebrada

> De todos mis enemigos soy objeto de oprobio, y de mis vecinos
> mucho más, y el horror de mis conocidos; los que me ven fuera
> huyen de mí.
> He sido olvidado de su corazón como un muerto;
> He venido a ser como un vaso quebrado
>
> Salmo 31.11,12

Jesucristo dijo que la razón por la cual Él vino al mundo fue para que *tengamos vida y la tengamos en abundancia.* Cuando el gran Alfarero nos diseñó en su amor antes de la fundación del mundo, nos imaginó viviendo precisamente esa vida abundante. Su propósito es que vivamos *de triunfo en triunfo* y que *por medio nuestro se manifieste en todo lugar el olor de su conocimiento ... y seamos transformados de gloria en gloria en su misma imagen.* Ahora, si esto es verdad, tenemos que preguntarnos: ¿Por qué hay cristianos que en lugar de vivir una vida abundante viven de manera tal que dan lástima? ¿Por qué hay creyentes que van de fracaso en fracaso, y no de triunfo en triunfo? ¿Por qué en muchos lo que menos se refleja es la gloria del Señor? Mejor aún, preguntémonos: ¿Qué nos impide vivir una vida abundante, una vida de triunfo en triunfo, una existencia que sea transformada de gloria en gloria?

Estoy convencido que una de las razones principales para que esto ocurra es que en muchos hay raíces de amargura. Esa amargura que se instala en nuestro corazón cuando la vida no se nos presenta como esperábamos. Nos llenamos de odio, resentimiento, rencor, envidia, culpabilidad. El resultado de todo es una enfermedad que nos va destruyendo lentamente, que nos priva del gozo de la vida cristiana y nos impide ser transformados por Dios.

En algunas ocasiones nos sentimos como David. Hemos sido objeto de oprobio. La gente más cercana y amada, se presenta como enemigo de nuestra vida. Nos han herido. Nos dejan solos, abandonados. Y lo que es peor, con la sensación de que hemos sido olvidados por Dios. Entonces nos sentimos como muertos. La amargura que surge de no entender por qué tenemos que sufrir, cuál es la razón por la cual nos están sucediendo determinadas cosas, nos hace sentir como *un vaso quebrado*.

Veamos más detenidamente cómo se van arraigando en nosotros esas raíces de amargura y cómo podemos liberarnos de ellas.

¿QUÉ ES LA AMARGURA?

La amargura es un fino veneno que vamos tragando y tragando sorbo a sorbo, y que sin darnos cuenta provoca la destrucción de nuestra vida. Mientras guardas rencor contra otra persona, a ella no le sucede nada, pero mientras tanto te llenas de una amargura que te enferma espiritual, sicológica y físicamente.

Cuando tu vida se llena de envidia por lo que a otros les pasa, a ellos no los afectas con esta actitud, pero tu corazón se llena de ira, de amargura, y corres el riesgo aun de enfermarte. Cuando tienes resentimientos contra otros, contra la vida, contra Dios, comienzas a experimentar una lenta destrucción y estás imposibilitado de ser feliz. Las heridas del pasado nunca cierran porque con tu pensamiento te encargas de reabrirlas una y otra vez. Los recuerdos te torturan, porque has permitido que los resentimientos enfermen tu memoria. El resultado de todo esto es que tu vida está llena de amargura.

Es cierto que hemos sufrido en la vida. Tal vez te han herido incluso en tu presente. No pretendo decir que tu dolor es imaginario o que tu herida es irreal. En este sentido, Dios está dispuesto a sanar tus heridas. Él no produce amnesia, no borrará absolutamente de tu memoria los malos momentos vividos, pero te ayudará a perdonar y te sanará de tal manera, que al mirar hacia atrás podrás reconocer los hechos, pero ya no te dolerán. Serán definitivamente parte de tu pasado.

Muchos tienen también un sabor amargo por los pecados que no fueron confesados. Otras personas que fueron golpeadas o violadas en su infancia o juventud, viven permanentemente con ese sabor amargo.

La amargura es horrorosa y tenebrosa . Lenta pero indudablemente nos destruye. Y no solo eso, es una enfermedad sumamente contagiosa. Sin quererlo, transmitimos a todos los que nos rodean ese sentimiento y ese sabor amargo frente a la vida. Nos daña y además destruye a la iglesia. Es una de la principales trabas para una vida victoriosa y una iglesia creciente.

Todos tenemos seres amados o amigos que nos han herido profundamente. Como alguna vez escuché, la mayoría de nosotros lleva un libro mayor en su interior en donde anotamos cuidadosamente las calumnias, los desprecios, las injusticias que cometen contra nosotros. En algunos casos podemos hacerle la cruz a una persona y borrarla de nuestras relaciones, pero lo que no podemos borrar son los recuerdos de sus actitudes. Las heridas se profundizan, el perdón se retiene y nuestra vasija se quiebra.

Días atrás recibí una carta de una hermana, decía así:

> *Querido Pastor:*
>
> *Mi nombre es Ester, sentí dentro de mí el deseo de compartirle mi testimonio.*
>
> *Nací en un hogar pobre, con un papá muy trabajador y muy bueno, pero que tomaba bastante, sin llegar a ser un alcohólico perdido. Mi mamá era muy autoritaria, muy dominante.*
>
> *Desde muy chica (tendría unos cinco o seis años), comencé a sentir la gran diferencia que en su trato mi madre hacía entre mi hermana mayor y yo, después fue igual con mis otros hermanos. Esto hizo que creciera llena de dolor y que fuera acumulándose odio en mí. No supe lo que era el amor de mamá, jamás dijo que me quería, por el contrario solo recibía indiferencia y golpes. Yo no hacía más que llorar y llorar hasta que mis ojos quedaban hinchados, tanto que no los podía abrir. Y a pesar de mi corta edad, llorando desconsoladamente, le preguntaba a Dios: ¿Por qué?*
>
> *Contarle todos los detalles sería muy extenso, crecí con insultos, maldiciones, golpes; y no supe lo que era que alguien se ocupase sinceramente de mí y de mis cosas.*
>
> *A los dieciocho años decidí irme de esa casa porque tenía en claro que a mi madre no le importaba. Me fui a vivir a una pensión de chicas solas. A pesar de que conocía muy bien lo bueno y lo malo, y sabía que lo malo no lo quería, hoy estoy segura de que Dios estuvo siempre a mi lado y me guardó.*
>
> *Seguí creciendo, sintiendo la soledad, marginada, durmiendo en el banco de una estación, sentada en un colectivo [ómnibus] de aquí para allá, con frío, con hambre. Soportando la soledad, a pesar de tener una casa y una familia donde poder acudir, pero allí la indiferencia me dolía tanto que prefería no estar. Todo esto hizo que cada vez que tenía un problema, sintiera un profundo odio hacia mi madre. Para mí era la única culpable de todo.*

*Jamás se lo dije, guardé mi resentimiento y nunca le
conté nada. El tiempo pasó, hice mi vida, me casé y tuve dos
hermosos hijos. En 1994, escuché una predicación suya a
través de la radio que tocó mi corazón. Me acerqué a la
iglesia Rey de Reyes donde acepté al Señor Jesús como mi
salvador. A partir de allí, Dios empezó a hablarme y a sanar
mi corazón que estaba lleno de odio, rencor y deseos de
venganza. Un día, mientras estaba en el ministerio de
intercesión orando, perdoné a mi mamá. Hice un charco con
mis lágrimas en la silla, fui a su casa, la abracé, y por primera
vez le dije que la quería.*

*En el presente, cada vez que la visito, la abrazo mucho.
Jamás le dije nada, nunca le hice un reproche por lo sucedido.
Sé que Dios rompió el muro que Satanás levantó entre
nosotras, hoy ella es libre y yo tengo paz y la amo.*

*Pastor, hace cuatro años no hubiera podido escribir esto
sin llorar, por todo el dolor que había en mi corazón, pero
ahora no me brotó ni una sola lágrima, mi corazón está sano
y lleno del gozo de mi Señor. Llegué destruida a la iglesia,
con ideas de suicidio, a punto de separarme. Mi casa era un
infierno, pero hoy está llena de paz, amor, nuestras vidas
fueron sanadas, prosperadas; me llevaría horas si tuviera que
contar todo lo que Dios hizo en mi hogar en estos cuatro años.
¡Gloria a Dios! Y sé que lo seguirá haciendo. Hoy el Señor
es la felicidad que no había conocido. Como en el sermón que
escuché, al igual que Abraham, me mudé a un nuevo
domicilio espiritual.*

Gracias a Dios por su vida.

Este es un testimonio de alguien cuya vida, cual vasija
quebrada, fue restaurada por el Alfarero. Pero con dolor tenemos que reconocer que lamentablemente hay raíces de amargura en el corazón de muchos creyentes. Siguen batallando con
ese resentimiento que hay en sus corazones por haber sido
desplazados, olvidados y despreciados por ese familiar, por ese

amigo que tanto amaban. Muchas veces este sentimiento está orientado incluso hacia Dios. Cuando esperamos que Él actúe de una forma determinada, o que nos dé algo que le hemos pedido y por alguna razón no lo hace, comenzamos a protestar. Cuando tenemos que pasar por pruebas y dificultades, y reconocer que Dios es sabio y que sabe por qué actúa como lo hace en nosotros, cuando debemos afirmar que la voluntad de Dios es buena, agradable y perfecta, y en lugar de eso nos rebelamos, entonces permitimos que nuestro corazón se llene de amargura. Por esta causa la Palabra nos exhorta:

> *Mirad bien, no sea que alguno deje de alcanzar la gracia de Dios; que brotando alguna raíz de amargura, os estorbe, y por ella muchos sean contaminados.*
>
> Hebreos 12.15

Lo cierto es que las raíces de amargura son una de las causas principales para los estados depresivos. Y aun cuando no caigamos en una depresión propiamente dicha, viviremos vidas infelices.

¿CÓMO SANARNOS DE LA AMARGURA?

En primer lugar, confiesa tu amargura a Dios. No podemos esconder nada a los ojos de Dios. Así que es preferible que seas franco con Él. Sé sincero y dile al Señor que guardas en tu corazón raíces de amargura.

Luego, renuncia a esa amargura, es un pecado. Deja ya de justificarte diciendo cuánto sufriste por el mal que te han hecho. No permitas que un espíritu de autocompasión y autoconmiseración gobiernen tu vida. No te justifiques, arrepiéntete y Dios te justificará. Reconoce ese pecado y renuncia a la amargura. Pablo dice: *«Quítense de vosotros toda amargura»* (Efesios 4:31).

Ora al Señor y dile: «Señor, la amargura brota desde mi interior y me hace mal, pero no sé que hacer. Reconozco que a ti no te agrada mi sentimiento. Renuncio a ese odio, renuncio a ese resentimiento, renuncio a ese pecado en el que caigo una y otra vez, y que me aleja de ti. Renuncio a mi amargura».

En tercer lugar perdona a los que te hicieron mal. La Biblia dice: «*Mas si no perdonáis a los hombres sus ofensas, tampoco vuestro Padre os perdonará vuestras ofensas*» (Mateo 6.15). El Señor está dispuesto a perdonarnos, si somos capaces de perdonar. Perdona y bendice al que te hizo mal, al que te ofendió, al que te rechazó, al que te hirió.

En cuarto lugar, permite que ahora Dios te cure. Por medio de la fe recibe su sanidad. Todo aquello que sincera y confiadamente depositamos en las manos de Dios, Él lo toma y lo transforma. Él va a quitar de raíz tus amarguras si se lo permites. Por último, pide ahora la plenitud del Espíritu Santo. La mejor garantía para una vida sin raíces de amargura es una vida llena del Espíritu Santo.

Quiero que conozcas el testimonio de Analía. Te ayudará a tomar la victoria:

Cuando conocí al Señor Jesucristo como mi Salvador, conocí su amor hacia mi vida y con el paso de estos años su poder me cambió, quitando el corazón de piedra y poniendo un corazón de carne.

Dios ha obrado y sigue obrando en muchas áreas [sic] de mi vida, pero una de las cosas que más quebrantó y tocó mi corazón fue cuando pude perdonar a alguien de mi familia, hacia quien tuve sentimientos de rencor y odio durante mucho tiempo: mi padre.

Las continuas discusiones, el carácter tan fuerte de mi papá, la falta de diálogo en la mesa, me llenaban de temor, inseguridad, dolor y tristeza. Lo que empezó con una falta de aceptación, con raíces de amargura, broncas y roces, con el tiempo hizo que me viera atada a algo de lo cual no podía salir.

Llegué al camino del Señor teniendo una vida sin sentido. Estaba enferma en mi cuerpo y en mi alma. Me sentía lejos de mi familia, aunque vivía con ellos. Mi vida era como un pozo profundo y oscuro del cual no podía salir. Sentía soledad, grandes temores, sentimientos de fracaso, tristeza, amargura, rebeldía. Tenía muchas heridas, nada me confortaba. Todo estaba mal, muchas amistades me habían dado grandes desilusiones y cada vez me sentía peor.

Venían a mi corazón las palabras que de pequeña había recibido de un tío que me habló del amor de Jesús y, entre otras cosas, me habló también de un camino ancho y otro angosto, y me invitaba junto a mi madre a varios cultos de su iglesia. Jamás olvidé todo lo que vi y recibí en ese lugar, había en ellos algo diferente. Empezaba a darme cuenta que iba por un camino equivocado y tenía que tomar la decisión. Mi madre y mi hermana, comenzaron en el año 1986 a congregarse en la iglesia Rey de Reyes, donde Dios las guió, y así comencé a asistir, escuchando estudios bíblicos y yendo a los cultos.

Pero había algo que me impedía crecer, no tenía paz, parecía que no podía orar, algo que no había entregado a Dios: la falta de perdón.

Oraba: «Señor, tócalo, cámbialo». Pero la que debía cambiar era yo. Dios iba a obrar, pero yo también debía poner de mi parte. A través de su Palabra, podía oír al Señor que me decía: «¿Quieres ser sana, quieres ser libre?» Pensaba que era imposible, pero Él me hizo ver que para que yo fuera perdonada, debía perdonar; si pedía misericordia, debía tenerla para con otros también. Así que le dije al Señor: «No lo siento demasiado, pero quiero ser libre, decido perdonar por obediencia, por amor a ti, ayúdame». Enseguida el diablo trató de mentirme, diciéndome: «No podrás ser cristiana, nunca lo lograrás». Pero Dios me ministró de varias formas, y en oración rechacé la mentira y confesé perdón.

Comprendí que recién allí comenzaba todo. Tenía que dar el paso de fe a través de hechos concretos, ponerme en acción. Así comencé con un saludo [a papá], ofreciéndole un mate. ¡Me costaba! Porque durante meses no le había hablado. *Luego seguí con una torta que le gustaba o sirviendo su plato en la mesa con amabilidad; comencé con pequeñas cosas, pero para mí eran grandes victorias. Pero aún faltaba algo, lo más importante. Escuché claramente la voz del Espíritu Santo diciéndome: «Ahora, ama».*

Debo confesar que pensé que allí terminarían mis primeros pasos de cristiana, pensé que eran los últimos, me parecía imposible lograrlo. Fue en ese momento cuando Dios tuvo que mostrarme cuánto me amaba, cuanto necesitaba aceptarme y perdonarme a mi misma, para poder amar a los demás.

Comenzó a hablarme por su Palabra, diciéndome que me escogió con un propósito, que me conoció antes de la fundación del mundo y me formó en el vientre de mi madre. Que era una hija deseada por Él, especial a sus ojos y profundamente amada. Me hizo ver que así como un matrimonio anhela con tanta expectativa, con amor, con alegría la llegada de ese hijo y dice: «Cuando nazca le mostraremos nuestro amor, lo vamos a cuidar, proteger, lo veremos crecer», y preparan todo para su nacimiento; así con ese amor y, más grande aún, Dios deseó que fuese su hija. Allí cayeron las fortalezas del enemigo, piedra sobre piedra, mentira sobre mentira, que el enemigo construyó a través de los años.

A través del amor de Cristo, pude comprender cuánto mi papá había sufrido y todo lo que vivió desde su niñez, pude ver con los ojos de Jesús y arrepentirme con dolor por mi pecado.

Muchas veces decimos: «Ya perdoné». Pero aún saludamos por compromiso, o somos indiferentes. Decimos: «Yo no tengo nada con él, ya está, ya cumplí». Y ahí está el problema, ¡que tengo que tener algo! El amor de Cristo para con esa persona.

Con el tiempo, nos hicimos grandes amigos, podemos conversar durante horas y cada vez que nos vemos, nos damos un abrazo, un beso. A partir de mi decisión de perdonar vino la paz a mi vida, ya que por las noches no podía dormir, tenía problema emocionales, me costaba relacionarme con otras personas, aun sufría problemas físicos.

Conocí al Dios «Restaurador», al Dios «Sanador», capaz de sanar las heridas más profundas del alma, capaz de dar otra oportunidad, de restaurar lo que el enemigo robó. Conocí al Dios que me unió a mi familia y me permitió formar, junto a mi esposo, un hogar.

Le doy tantas gracias al Señor Jesús, porque a través de la comunión íntima con Él, de su palabra, de sus siervos, mis pastores Claudio y Betty, a quienes amo profundamente en el amor de Cristo, líderes, y hermanos preciosos que Él puso a mi alrededor, mi vida ha sido y sigue siendo tan bendecida.

Dios me ha dado una nueva realidad.

¿Qué te parece si le pides ahora mismo a Dios que te limpie de tus amarguras, de tus resentimientos, de tus recuerdos y heridas del pasado? Vamos a orar. Permíteme guiarte:

Oración:
Señor, te confieso mi amargura.

Esto es lo que me amarga. (Cuéntale tu amargura a Dios).

Reconozco que a ti no te agrada mi sentimiento.

Renuncio a este odio que está envenenando mi vida y paralizando mi crecimiento en ti.

Renuncio a ese resentimiento, que se instaló en mí cuando ... (sé específico).

Renuncio a mi amargura. En obediencia a ti quito toda amargura de mi corazón, la echo fuera, en el nombre de Jesús.

Señor, también perdono a los que me hicieron mal. Perdono a ... (pronuncia el nombre de la persona que te lastimó) y lo bendigo en el nombre de Jesús.

En fe, Señor, recibo tu sanidad y la llenura del Espíritu Santo. AMÉN.

En el nombre de Jesús, ahora imparto bendición para tu vida y una unción de restauración. Comienza a vivir como vasija nueva, conforme al plan de Dios para tu vida.

6

Una vasija
despreciada

*¿Es este hombre ... una vasija despreciada y quebrada?
¿Es un trasto que nadie estima? ¿Por qué fueron arrojados
él y su generación, y echados a tierra que no habían conocido?*
Jeremías 22.28

En este capítulo quiero comunicarte dos poderosas imágenes
que el Espíritu Santo utilizó para transmitirnos de manera
dura, pero clara, la realidad del fracaso en la vida cristiana. Oro
para que el Señor revele a tu corazón la gravedad de vivir de
espaldas a Él, de forma tal que puedas abandonar aquello que
te está privando de una vida abundante.

UNA VASIJA DESPRECIADA Y QUEBRADA:
UN REY FRACASADO

La primera de estas imágenes es la del pasaje de Jeremías
que aparece en el epígrafe. Con un lenguaje muy áspero pero

realista el profeta nos habla de un hombre a quien compara con una vasija despreciada y quebrada. ¿Quién es este hombre? La versión Reina Valera lo llama Conías. Otras versiones lo llaman Jeconías. De estas dos formas designaban al rey Joaquín. Es decir, que Joaquín, rey de Judá, era ese hombre comparable a una vasija despreciada y quebrada.

Es importante que veamos la historia de Joaquín porque su situación puede servirte como prevención o como corrección, no sea que Dios considere tu vida también como una vasija despreciada y quebrada. Joaquín reinó tan solo durante tres meses. En esos 90 días se las ingenió para hacer lo malo delante de los ojos de Dios (2 Reyes 24.9). Como resultado de su maldad, su suerte estaba echada y el Señor lo condenó al destierro babilónico. Dios lo desechó y fue deportado a Babilonia. La misma suerte alcanzaría a su influyente madre Nehusta (v.8). Iría con él al desierto y allí moriría.

Entonces, se levanta la pregunta del pueblo al ver a su joven rey en el desierto. Un pueblo que no acierta a explicarse el triste destino del monarca, ahora considerado junto a su descendencia como una vasija despreciada y quebrada.

A este particular Jeremías pasa por alto los por qué y en lugar de responder al interrogante popular endurece aun más su profecía diciendo:

> *¡Tierra, tierra, tierra! oye palabra de Jehová.*
>
> *Así ha dicho Jehová: Escribid lo que sucederá a este hombre privado de descendencia, hombre a quien nada próspero sucederá en todos los días de su vida; porque ninguno de su descendencia logrará sentarse sobre el trono de David, ni reinar sobre Judá.*

Jeremías 22.29,30

La orden del Señor fue que quedara registrado en la historia el castigo de Joaquín. Su rebelión ante Dios provocó que fuera un hombre cuya descendencia jamás se sentaría en el trono de David en Judá. Su decisión de vivir de espaldas a Dios hizo que fuera considerado como una vasija despreciada y quebrada. Y el pasaje nos dice aun más: «*A quien nada próspero sucederá en todos los días de su vida*». La versión popular dice: «*Anoten a este hombre como un hombre que fracasó en la vida*».

La historia de Joaquín es la historia de miles de personas cuyas vidas son un fracaso. No alcanzarían los cuadernos y libros del mundo para anotar a toda esta clase de personas. Pero lo que es lamentable es que, al igual que Joaquín, hay muchos hijos de Dios hoy que también experimentan una vida de fracaso. Lo trágico de la historia de Joaquín es que había sido elegido por Dios para ser rey. Solo una persona en medio de toda una nación tenía esta posibilidad. Ese hombre destinado a ser rey terminó siendo un fracasado toda su vida y hundiendo a sus descendientes en la misma frustración. Llamado por Dios para ser rey, terminó como un esclavo en Babilonia.

La Biblia dice que Jesucristo «*nos amó, y nos lavó de nuestros pecados con su sangre y nos hizo reyes*» (Apocalipsis 1.5-6). ¡Qué tragedia ver la vida de tantos creyentes, hechos reyes por la sangre de Cristo, viviendo vidas miserables, vidas de fracaso! ¡Qué tristeza ver la vida de tantos cristianos, creados por el Alfarero para ser vasos de honra, con sus vidas arruinadas, llegando a ser como una vasija despreciable y quebrada! Y todo por querer vivir como se les ocurre, sin obedecer la voluntad de Dios. Llamados a ser reyes, viven como esclavos.

UNA VASIJA DESPRECIADA Y QUEBRADA: UN PARTO FRUSTRADO

No debe haber experiencia más dolorosa en la vida que la de una mujer esperando el momento del parto, pero sabiendo que su hijo está muerto. Todo el trabajo del parto, toda la sensación, todo el dolor, pero ... la criatura está muerta. Y además de la criatura muerta, la muerte de las esperanzas, de los sueños, de las ilusiones.

La Biblia toma esta dolorosa experiencia como ilustración de una frustración más generalizada. La frustración que experimentan hombres y mujeres que no terminan de ser felices en la vida. La vida se les pasa y la dicha no llega, la paz no se alcanza, el bienestar general es una quimera. Así lo describe la Palabra de Dios:

Como la mujer encinta cuando se acerca el alumbramiento gime y da gritos en sus dolores, así hemos sido delante de ti, oh Jehová.
Concebimos, tuvimos dolores de parto, dimos a luz viento.

Isaías 26.17,18

¿Cuántos de tus mejores sueños siguieron este camino? ¿Cuántos proyectos concebiste en el interior de tu corazón y terminaron en nada? ¿Cuántos de tus planes fueron acompañados de los esfuerzos de tus dolores de parto, pero lamentablemente se frustraron? ¿Cuántas aspiraciones y sueños diste a luz, pero eran nada más que viento? No es que fueran malas cosas. No eran malos sueños. Ni proyectos dañinos, ni aspiraciones falsas, ni planes injustos. Pero fracasaron, fueron solo viento.

¿Quién no sueña con un hogar firme y feliz? ¿Quién no aspira a sentirse realizado en su profesión, en su vocación en la vida? ¿Quién no ha proyectado para su vida un futuro próspero, seguro, con lo indispensable para vivir dignamente?

¿Quién no desea ser reconocido, aceptado y respetado? ¿Quién no anhela amar y ser amado? ¿Acaso hay algo de malo en eso? Sin embargo, el resultado es como dijo el profeta: *Dar a luz solo viento.*

No podemos ver nuestros sueños concretarse; los proyectos se nos escapan sin poderlos atrapar; las aspiraciones se nos escurren por entre los dedos dejándonos dolor solamente; las frustraciones hielan nuestro corazón y golpean nuestra cara, curtiéndonos la piel, insensibilizándonos para seguir viviendo. Son como el viento.

A una madre que sufre esta dolorosa experiencia, al menos le queda la esperanza que en el futuro ella podrá nuevamente concebir y finalmente dar a luz una criatura llena de vida. Pero el problema es cuando esta experiencia describe nuestra existencia. Tal vez, al mirar hacia atrás en tu vida, no importa si eres joven o una persona adulta o un anciano, percibes que tu vida se parece a la de una mujer llena de ilusiones, que ha concebido, que tiene dolores de parto, pero que da a luz solo viento. Ante cada nuevo fracaso, las posibilidades de dicha se reducen y la amargura inunda tu corazón.

Si estás en esta condición, no pierdas la esperanza. Quiero decirte que si eres capaz de corregir las dos causas principales de tu fracaso, hay esperanza para tu vida.

Y no es solo la expresión de un optimismo rosado, o el intento de transmitirte un pensamiento positivo para que no te desanimes. Por el contrario, esta esperanza puede concretarse en realidad a partir de hoy mismo. Pero es preciso hacer dos correcciones básicas.

Cambia tu fundamento

La mayor parte de nuestros fracasos se deben a que quisimos edificar sobre malos fundamentos. Cuando encaramos un proyecto, siempre las conclusiones a las que arribamos son buenas. Pero el resultado, sin embargo, es malo. ¿Por qué? Porque el punto de partida es erróneo. Nuestros presupuestos desacertados. Nuestros fundamentos incorrectos. Nuestra base equivocada.

En general, no importa cuál sea nuestro sueño fracasado, la base sobre la cual hemos querido construir, ha sido la confianza puesta en nosotros mismos, y no en Dios.

El comerciante que abre un negocio sobre la base de cuestiones turbias, de estilos que no coinciden con lo que Dios quiere, puede prosperar, pero su final está determinado: le espera el fracaso porque su respaldo está en Satanás y este cobrará la deuda.

Aquel que busca un futuro próspero y seguro sin consultar a Dios, solo confiando en su propia inteligencia, capacidad y fuerzas, obtendrá resultados, pero el bienestar integral será algo que seguirá pendiente en su vida. El joven que establece un noviazgo sobre bases equivocadas, sea yugo desigual, falta de conocimiento, o basados solo en una atracción parcial, ya sea esta física, emocional, o aun espiritual, pero sin la confirmación de Dios, lo que le espera es dolor, gemir, llanto, dar a luz solo viento.

Muchos creyentes saben que algunas de sus decisiones no coinciden con la voluntad de Dios, pero andan igualmente coqueteando con Satanás. Quienes hacen así no deben esperar otra cosa que dolores y parir solo viento. ¿Qué lugar ocupó Dios en tus decisiones, en tus relaciones, en tus ocupaciones? Cada vez que Dios es dejado fuera, lo único que cosechamos es fracaso. Damos a luz viento. Nos transformamos en vasijas despreciadas y quebradas.

Por eso el profeta nos invita a cambiar las bases. A no confiar en nuestras fuerzas, en nuestras capacidades, en nuestras intuiciones, en nuestro discernimiento, sino a confiar en Dios: «*Confiad en Jehová perpetuamente, porque en Jehová el Señor está la fortaleza de los siglos*» (Isaías 26.4). Cuando fundamentamos nuestra vida en Dios, no tenemos que tener miedo. Él es el refugio eterno. En Dios está la fortaleza de los siglos. Podemos enfrentarnos ante todo tipo de enemigos, de circunstancias que quieran frustrar nuestros sueños, o minar los planes recibidos de Dios, derribar lo que Dios está haciendo en nosotros, o destruir nuestras relaciones interpersonales. Pero si nuestra vida está cimentada sobre la buena base, sobre Dios, ni las circunstancias ni los enemigos podrán contra ti, porque Dios es el refugio eterno. En Él está la fortaleza de los siglos. Es una fortaleza eterna. Aunque pase el tiempo y cambien las circunstancias adversas, aunque los enemigos sean distintos y el armamento sea cada vez más poderoso, la fortaleza permanece, sigue invicta, sigue en pie. Es la fortaleza de los siglos. ¡Aleluya!

En Jesús sí puedes confiar. Satanás con todo su poder no pudo contra Él. Lo tentó, disfrutó su martirio y crucifixión, y cuando le pusieron en la tumba y estaba cantando lo que creía una victoria segura, todo su ser se estremeció al ver que la piedra que tapaba el sepulcro se movió. Se quedó paralizado ante la tumba vacía. Cayó en tierra vencido, derrotado al ver que Jesús había resucitado. No hay enemigo que lo pueda vencer. Él es el refugio eterno. En Él está la fortaleza de los siglos. Por eso debes confiar en el Señor perpetuamente. Para siempre, en todo momento, en todas las cosas, confía en el Señor. Si hasta ahora tus bases fueron equivocadas, coloca tu confianza en Dios, porque Él desea comenzar a escribir una historia nueva en tu vida.

Cambia tu orientación

La segunda razón por la cual fracasamos en nuestros sueños, deseos o aspiraciones es que convertimos esos anhelos en «señores» de nuestras vidas.

Muchos que buscan progresar económicamente no lo hacen solamente como un medio para vivir, sino que hacen del dinero que logran, o del dinero que quieren alcanzar su dios. El que busca una pareja, y hace de su necesidad un dios, su bienestar o su malestar en la vida depende de que alcance su objetivo o no. Cuando algo condiciona nuestra vida de tal forma que marca nuestra felicidad, eso se transforma en nuestro dios. El que busca reconocimiento o aceptación, de forma tal que de ello dependa ser feliz o infeliz, ya tiene su dios. Y así podríamos llenar páginas y páginas de ejemplos de nuestros dioses modernos.

Ahora bien, cuando de manera consciente o inconsciente tenemos otros dioses tales como: dinero, familia, la pareja que tenemos o que deseamos tener, el status, una profesión, etc., debemos saber que hemos desplazado al verdadero Dios y por ende lo único que debemos esperar es el fracaso.

Así lo dice el profeta: «*Jehová Dios nuestro, otros señores fuera de ti se han enseñoreado de nosotros*» (Isaías 26.13). ¿Te das cuenta? Tú puedes decir que crees en Dios, que tienes tu fe en Jesucristo. Pero puedes tener otros señores que se han enseñoreado de tu vida. Podemos creer en Dios, sin que Él gobierne nuestras vidas, decisiones, relaciones y ocupaciones.

Si no queremos seguir dando a luz viento, necesitamos que Jesucristo, y solo Él sea nuestro Señor. Tú necesitas pasar el señorío de Cristo del plano meramente teórico de tu vida al práctico. Tienes que decir como el profeta: «Otros señores han sido nuestros amos», pero ahora «están muertos, no volverán a vivir, no son más que sombras y no volverán a levantarse. Solo a ti, Dios, te reconocemos como único Señor».

Este es el tiempo para el arrepentimiento. El Espíritu está soplando una unción de santificación sobre su Iglesia. Adoramos a un Dios que es celoso. Por eso este es el momento de renunciar a otros dioses y hacerlo de una manera definitiva. Crucificarlos, y colocar a Jesucristo en el centro, en el primer lugar, sentarlo en el trono de nuestras vidas. ¿Cuál será el resultado de este cambio?

Dice el profeta: «Jehová, tú nos darás paz, porque también hiciste en nosotros todas nuestras obras» (Isaías 26.12). Cuando Cristo es el Señor de nuestro ser, lo que debemos esperar es que Dios dé a luz una nueva realidad, y no más viento. Él realiza nuestros sueños, nuestras obras, y en Él está la victoria, porque Él es la fortaleza de los siglos.

El fracaso fue la marca distintiva en los 18 años de vida de Joaquín. Fue llamado por Dios para ser rey y terminó siendo un esclavo. Él como miles de personas en el mundo y en todos los tiempos, tienen la sensación de dar a luz viento. La vida es solo dolores de parto, para luego solamente dar a luz viento. ¿La vida será solamente eso? El Alfarero al pensar en nosotros, ¿estará conforme viéndonos como una vasija despreciada y quebrada? ¿Cómo un trasto que nadie estima? ¡Por supuesto que no! Él sigue con su diseño original en mente. Nadie lo hará cambiar de planes.

Él está listo para volver a poner sus artísticas manos en ti y empezar a modelarte nuevamente. Pero para ello es preciso que cambies tu fundamento y tu orientación. Depende de Él y haz todo para su gloria. El Alfarero está listo para empezar a obrar en ti. ¡No lo dejes esperando!

7

Una vasija inmunda

Y toda vasija abierta, cuya tapa no esté bien ajustada,
será inmunda.

Números 19.15

Con lenguaje musical, pero claro, alguien expresó muy bien lo que sucede cuando nosotros pecamos: «En la armonía eterna, pecar es disonancia». Siguiendo la imagen bíblica del Alfarero, vemos que cuando pecamos, la obra de Dios termina estropeándose. Por eso es importante que entendamos a través de este capítulo la gravedad de las consecuencias que el pecado tiene para nuestras vidas.

En el libro de Levítico, la Palabra de Dios nos trae luz sobre este tema a través de la ley sobre la lepra. La lepra es un símbolo del pecado. Y hay un paralelismo muy aleccionador que vale la pena considerar. El pecado al igual que la lepra puede comenzar con algo muy pequeño, pero luego se extiende y afecta toda la vida, hasta destruirla. También el pecado como la lepra es sumamente contagioso, por lo que tenemos que tener especial cuidado de toda contaminación. Además, la lepra insensibiliza de tal manera que el leproso no siente su zona afectada como el resto de su cuerpo. De la misma forma, cuando damos lugar al pecado en nuestra vida, podemos insensibilizar nuestra conciencia y ya no sentir pena por fallarle a Dios.

Tal vez quieras preguntarme: «Pastor Claudio, ¿por qué me está hablando de esto?». Porque te amo en el Señor necesito ser muy claro contigo. La presencia de Dios no se manifestará en tu vida si le das lugar al pecado. Si le abres la puerta a algún tipo de contaminación espiritual, esta te robará la preciosa comunión con el Espíritu Santo. Por esta causa quiero que entiendas cómo funciona el pecado, qué consecuencias trae para tu vida, y especialmente, que recibas con atención el llamado de Dios a vivir una vida en santidad.

UNA VASIJA INMUNDA ES UNA VASIJA ABIERTA

Nuestra vasija se contamina y se hace inmunda, cuando la dejamos abierta. En el texto con el cual encabezamos este capítulo, se nos dice específicamente que la vasija tiene que estar bien cerrada. La tapa tiene que estar bien ajustada. Si no es así, la vasija se contamina y se hace inmunda.

Nuestra vida cristiana debe estar bien cerrada a los ataques de Satanás, a las propuestas de un mundo que va en contra de la voluntad de Dios, y a nuestra propia concupiscencia carnal. Cuando nosotros no tomamos en serio la advertencia de Dios, y dejamos nuestra vasija destapada, estamos abiertos a los ataques del enemigo. El diablo anda como león rugiente buscando a quién devorar. Igualmente, los pensamientos de este mundo, su influencia, su filosofía de la vida, comienzan a entrar en nuestra vida, y terminamos conformados al mundo, contaminados. Si nuestra vasija no está cerrada, nuestra carne buscará la satisfacción, ahogando y apagando la obra del Espíritu.

Por eso el apóstol Pablo nos exhorta: «*Ni deis lugar al diablo*» (Efesios 4.27). Es decir, cierra bien la tapa. No dejes espacio para ser contaminado. No asumas una actitud autosuficiente, sino mantente alerta y cuida de cerrar bien tu vasija. *«El que piensa estar firme, mire que no caiga»* (1 Corintios 10.12).

UNA VASIJA INMUNDA QUIEBRA LA COMUNIÓN

El capítulo 59 del libro de Isaías nos ayudará a comprender mejor lo que produce el pecado cuando le damos lugar en nuestra vida.

El pecado es un acto de rebeldía contra Dios: *«Hemos sido rebeldes e infieles al Señor, no quisimos seguir su camino»* (v. 13, Versión Popular). Es negarse a reconocer la autoridad de Dios sobre nuestras vidas, impedirle que sea el Señor de nuestra existencia. El pecado de Adán y Eva fue que ellos quisieron ser iguales a Dios. No quisieron que les siguiera gobernando y guiando como hasta ese momento. Aun cuando habían disfrutado plenamente de su comunión y habían experimentado la verdadera dicha cuando Dios era la autoridad de ellos, a pesar de todo, optaron por desplazar al Señor de sus corazones y se colocaron a ellos mismos en el lugar de Dios.

Esto mismo lo hacemos diariamente. Impedimos que Dios guíe nuestras vidas. No dejamos que la gobierne por completo. Sabemos que Él es nuestro Alfarero Creador, pero no lo dejamos hacer su obra en nosotros. No nos sometemos a su soberanía, sino que pretendemos ser nosotros los señores y dueños de nuestra existencia. Y esto es lo que la Biblia llama básicamente pecado. Somos pecadores porque de una manera u otra hemos tomado la decisión de despojar a Dios del centro y de manera rebelde ocupar nosotros ese lugar.

Además de la actitud de rebeldía que caracteriza a todo pecado, este es también un acto de infidelidad contra Dios.

La Biblia nos enseña que Dios ha hecho un pacto con sus hijos. Él promete su cuidado, su bendición, su salvación, su asistencia y su protección a favor del ser humano. Por su parte, el hombre tiene que vivir conforme a las normas que Dios ha establecido. Disposiciones que no son caprichosas ni arbitrarias, sino que son para nuestro bien. De no guardarlas, terminamos autodestruyéndonos.

La Biblia compara con un matrimonio nuestra relación con Dios. Nosotros somos la esposa de Cristo. Y cada vez que quebramos sus leyes, le estamos siendo infieles a Dios. Santiago 4.4,5 dice claramente: «*¡Oh almas adúlteras! ¿No sabéis que la amistad del mundo es enemistad contra Dios?* ... *¿O pensáis que la Escritura dice en vano: El espíritu que Él ha hecho morar en nosotros nos anhela celosamente?*». Consideremos seriamente que el pecado, ante los ojos de Dios, es un acto de adulterio y de infidelidad a su Santo Espíritu.

Pero aún existe algo que es más terrible. Si el pecado es malo, peor aún es no aceptar el remedio para erradicarlo. Dios en su amor nos ofrece la salida para esta situación de rebeldía e infidelidad, pero a veces el ser humano en lugar de aceptarla, la rechaza. No acepta seguir el camino señalado para nuestra salvación. Prefiere sus propios caminos.

El pecado, entonces, es un acto de rebeldía e infidelidad, que se agrava al rechazar la solución que Dios provee en Cristo. Pero no solo es un tema para la investigación teológica, tiene además terribles consecuencias prácticas que debemos conocer.

En primer lugar, el pecado provoca nuestra separación de Dios. Como dice el profeta Isaías: «*Las maldades cometidas por ustedes han levantado una barrera entre ustedes y Dios*» (Isaías 59.2, V.P.). La Biblia afirma que Dios es tres veces santo. Ningún otro atributo de Dios tiene esta característica. Tres veces santo, significa que su santidad es perfecta y absoluta. Su santidad no tolera el pecado. Por lo tanto, el pecado es una barrera que impide que Dios y el hombre vivan una relación de comunión tal, que provoque armonía y dicha en el corazón del ser humano.

Es preciso decir que mientras no te hayas arrepentido de tus pecados, de tu rebeldía contra Dios, de tu infidelidad al Señor, por más fe que tengas, no te alcanza para vivir una vida cristiana victoriosa. Esa fe no acompañada de arrepentimiento y sometimiento a la voluntad divina, puede servirte para recibir algo de Dios, pero no para vivir una vida de poder y de servicio ungido por el Señor, porque el pecado rompe mi comunión con Dios.

Muchas personas se acercan y me dicen: «¿Por qué Dios no me escucha?». La respuesta la da el propio Isaías cuando dice: «*Sus pecados han hecho que Él se cubra la cara y que no los quiera oír*» (Isaías 59.2, V.P.). El arrepentimiento no es una opción, es indispensable, no solo para restablecer nuestra relación con Dios (el día que aceptamos a Jesús), sino para lograr una limpieza cotidiana que nos mantenga en comunión plena con Él. Abandonar el pecado, unido a la entrega total de nuestra vida a Cristo, rompe la barrera de separación.

UNA VASIJA INMUNDA QUIEBRA EL PROYECTO DIVINO

La segunda consecuencia del pecado es que nos priva de alcanzar la verdadera satisfacción en la vida. No somos felices, no llenamos el vacío interior ni alcanzamos una verdadera realización en la vida, porque hemos optado por vivir lejos de Dios.

En Cristo lo tenemos todo, pero a causa de nuestra desobediencia no podemos vivir el proyecto eterno de Dios. El Alfarero diseñó tu vida y la pensó para que puedas ser una vasija llena de felicidad, de paz, de salud, de perdón y para que seas luz a otros. Pero cuando no dejamos al artista moldear nuestras vidas con libertad, esos ideales de Dios no se cumplen en nosotros.

Algunos buscan los sustitutos para ver si alcanzan la dicha. La buscan en el dinero y en el poder, y se dan cuenta de que la felicidad no se puede comprar. La buscan en una actividad determinada y lo único que logran es terminar el día cansados y tan insatisfechos como antes. La buscan en el ruido, pero llega en el momento del silencio, cuando el sonido y las luces se apagan y se dan cuenta de que son unos infelices. La buscan en el sexo desordenado, y terminan hastiándose de algo creado por Dios para disfrutarlo en el marco correcto. La buscan cambiando de pareja como cambian de corbata o de cartera, para llegar finalmente a la conclusión de que así tampoco son felices.

Buscan alegrar su vida con cosas artificiales, externas a ellos mismos, sin darse cuenta de que la procesión va por dentro. Somos como aquella abuela, a la que le habían dado la pesada tarea de cuidar a sus tres nietecitos. Los chicos vivían peleándose continuamente, vivían llorando todo el día, y la pobre abuela ya estaba agotada y no sabía qué hacer. Entonces, para que dejaran de llorar porque ya no los soportaba más, los llevó al circo. Cuando estaban allí, uno de los chicos se asustó y se puso a llorar al ver a los tigres entrar en el escenario. La abuela cansada y fuera de sí, tomó al chico por el cuello y empezó a sacudirlo diciéndole: «Te traje aquí para que te diviertas, ¡TIENES QUE DIVERTIRTE!».

Muchos creyentes de hoy, también sacuden sus vidas llorosas e infelices tratando de buscar diversiones que les hagan olvidar la insatisfacción en la que viven. Pero siguen sin hallar la felicidad.

Otra consecuencia de la separación de Dios es la pérdida de la paz. No podemos disfrutar de la paz que Jesús nos da. Isaías 59.8, en la Versión Popular, dice: «*No conocen el camino de la paz, no hay rectitud en sus acciones. Los caminos que siguen son torcidos; los que andan por ellos no encuentran la paz*».

Esta es la razón por la cual tantos creyentes viven angustiados, anhelando fervientemente un poco de paz para sus vidas. No una paz que dependa de las circunstancias externas, sino una paz en lo profundo del ser y que permanezca para siempre. Otros viven esclavizados por los temores y el miedo y buscan aquí y allá, pero no encuentran la paz. Jesucristo es el único que puede inundarnos de verdadera paz interior si le permitimos reinar en nuestra vida.

Quiero contarte el testimonio de una joven que amargada con su padre y con Dios, terminó entregándose a una vida pecaminosa. Su historia es aleccionadora por dos motivos. En primer lugar, porque pone en evidencia las terribles consecuencias del pecado. En segundo lugar, porque revela una vez más el glorioso e inconmensurable amor de Dios para con nosotros.

Poco a poco fui apagando mis sentimientos hacia Dios y hacia todas las personas que me rodeaban. Me hice una perfecta religiosa, me acostumbré al evangelio teórico ... Pasaron tres años de idas y venidas con respecto a mi relación con Dios.

Unos meses después, conocí a un amigo que había sido drogadicto y que se convertiría rápidamente en mi novio. Tanto las autoridades de la iglesia como mis padres estaban en un rotundo desacuerdo con esa relación, pero seguí caminando y palpando día a día el fracaso de mi vida.

Esa relación bañada en engaños, peleas, insultos y contrariedades, culminó con el abandono por parte de este joven cuando de nuevo estaba atrapado por los vicios y estábamos a punto de contraer matrimonio ... En mi locura pensaba que casándome con él no tendría que soportar el tremendo odio que mi padre tenía hacia mí.

En cuanto este joven se fue de mi lado a vivir a otra provincia, yo entré en una depresión fatal y el odio descontrolado hacia mi padre era definitivo. Él estaba en contra de todo cuanto yo emprendiera.

Yo estaba consciente que hasta entonces había cometido muchos errores y había defraudado a mi familia varias veces y él no pudo perdonarme jamás ... A pesar de saber esto, necesitaba alguna oportunidad para cobijarme en su amor y confianza, pero no quiso o no supo dármelo.

Hundida en el abandono decidí escaparme una madrugada de mi hogar sin decir a nadie a dónde me iba ni con quién ... Tan solo dejé una carta y la bronca [sic] de mi corazón hacia mis padres y hacia Dios impregnada en toda la atmósfera de mi hogar. Me fui de mi casa dejando todo y a la vez nada, me llevé prácticamente todas mis pertenencias para no volver nunca más ... Me fui llena de sueños, anhelos, buscando amistades, una pareja, trabajo, etc. Pero lo único que conseguí durante ese mes que estuve lejos, fue el fraude de las personas que aparecían a mi lado, la soledad, el apetito, la incomprensión, la culpa, la desilusión, y otros sentimientos no deseados ... Rápidamente comencé a beber alcohol y a

*fumar marihuana, me sumergí en relaciones amorosas in-
conclusas y amistades decepcionantes.*

*No tenía un lugar estable. Algunas «amigas» me deja-
ban dormir en sus casas mientras salía a buscar trabajo por
la mañana y por la tarde. Muy rápido se destruyó toda mi
vida, me volví anoréxica y adelgacé 9 kilos en menos de un
mes.*

*Algunas noches salía a caminar sin rumbo y sostenía
ideas de suicidio como la de tirarme en las vías férreas para
ser atropellada por el tren, o intoxicarme con la ingestión de
pastillas o drogas. Y a pesar de esto sentía que la presencia
de Dios me seguía a todas partes, no me dejaba tranquila ...
No entendía la insistencia de Dios cuando yo lo había
rechazado claramente.*

*Un día no aguanté más la depresión, el fracaso de no
conseguir trabajo, ni lugar estable donde vivir. No soporté
más la soledad porque, aun cuando fuera buena o mala, yo
traía impresa en mi vida la idea de un vínculo familiar.
Entonces ahogada en el rencor, el dolor y el «hambre» de ser
amada y aceptada, llamé por teléfono a mi casa. Esperaba
escuchar gritos y reproches, pero me sorprendí al escuchar los
ruegos de mi madre sugiriéndome que regresara a mi hogar,
que me perdonaban. Y así lo hice.*

*Nuevamente en mi casa, sin congregarme, entré en un
tratamiento sicológico, pero pronto lo abandoné. Organicé
en mi mente un reglamento para mi vida en donde había
determinado excluir a Dios por completo, y arrancar a mi
padre de mi corazón y mis sentimientos para siempre.*

*Mis padres estaban heridos moral, social y espiritual-
mente. Decían una vez tras otra: «Que sea lo que Dios quiera
con su vida». Amenazados por mis arranques de locura, de
hacer cualquier cosa e irme nuevamente, o suicidarme,
comenzaron a permitir que cometiera diversos pecados y que
incurriera en relaciones con gente de muy mala vida.*

*Mi padre fue imponiendo su castigo verbal hacia mí, el
odio era terrorífico y en parte recíproco. Mi corazón hacia él*

despedía los peores sentimientos, aunque lo fingía muy bien para engañar a mi familia y vivir con un poco de concesiones.

Un día me cruzó por la mente la posibilidad de liquidarlo con un arma que él guardaba en un lugar escondido ... Yo sabía donde estaba, fui ... toqué el arma, la acaricié y sentí el deseo de hacerlo sin pensar, pero rápidamente la volví a dejar en su lugar.

Miles de sucesos e innumerables experiencias pecaminosas llenaban mis días. Me vi involucrada en compromisos delictivos peligrosos. Para ese entonces corría el año 1996 y había comenzado a estudiar para un profesorado, como para convencerme de que ni siquiera servía para estudiar algo. Cursando el primer año de esta carrera y a punto de repetirlo, seguí probando más y más pecados junto a mis nuevos compañeros de estudio ... Fiestas nocturnas, pasiones desordenadas, vicios, llantos, desengaños amorosos ... Con cada situación y con cada persona que conocía tenía el descaro de hacer lo que se me ocurría, pero cuando estaba en mi hogar me acorralaban los límites y reglas impuestas por mi padre. Al observar que ellos se habían aferrado al evangelio comencé a desesperarme más que nunca, no quería saber ni oír nada de ese tema.

En el verano de 1996-1997, concurrí a un gimnasio de deportes perteneciente a un joven de la iglesia Rey de Reyes y, sin saber esto, escuchaba que hablaban de Dios y tenían música cristiana en el local. En vez de irme de allí, algo me atrajo a ese lugar y me preocupé por mi estado físico y espiritual. Empecé a ver mi propia miseria humana, las cosas ocultas de mi vida ... Una tarde, junto a estos hermanos, hice una oración de reconciliación con Dios, aunque dudaba de que realmente pudiera amarle. Ya no sentía nada por Él.

Pero a partir de allí, Dios comenzó a perseguirme de una manera tremenda. Lo tenía conmigo en todo lo que hacía. Aun en las peores situaciones de pecado que seguía viviendo, Él estaba presente. Sentía su voz hablando a mi conciencia, diciéndome que ya no pertenecía a ese mundo en el que estaba inmersa. Ponía en mí la convicción de que era suya y que nunca había dejado de serlo, a pesar de todos los rechazos que le había hecho ... Estos sentimientos que Él traía a mi vida me molestaban mucho, contendía con Dios en mi espíritu. Él me estaba seduciendo con su misericordia y amor hasta el punto de agotar mis fuerzas.

Una noche, rendida y harta de pelear con Dios en mis pensamientos, cansada de pelear con mis padres y con cuanta persona se me cruzara en el camino, me entregué a descansar en la presencia de Dios en mi habitación. A solas, Él y yo, no lo podía ver ni tocar, pero supe que Él estaba allí y no era ninguna percepción mental, lo aseguro ... Esa noche arreglamos cuentas, cuestiones personales de mi relación con Él. Pude llorar mucho y sentir su perdón y su consuelo, sentí que por dentro me limpiaba de sensaciones que me hacían mucho mal, y tuve la certeza de que comenzábamos a ser amigos muy íntimos.

A la semana comencé a congregarme en la iglesia Rey de Reyes luego de estar 15 meses sin entrar a una iglesia cristiana. Le dije a Dios en uno de los servicios que no me pensaba comprometer con Él como antes, y que solo iría de vez en cuando a la iglesia para conformar a mis padres y aquietar un poco su desesperanza con respecto a mí. Además yo buscaba de esa forma limpiar un poco mi sucia conciencia.

Transcurrieron unos meses durante los que todavía seguía en pecados ocultos y mentía una vez tras otra. Pensaba que Dios en verdad estaría muy desilusionado conmigo, pero me asombraba comprobar que cuando estaba sola en mi habitación, deprimida, triste y pensando lo peor acerca de mí misma, sentía su presencia y sus mimos, y se quebraban todas mis estructuras emocionales y me entregaba a disfrutar de ese momento de amor puro y sin manchas que tenía con Él, diferente a cualquier otro tipo de amor superficial que yo había conocido antes.

Una noche me prestaron el libro «Espíritu Santo, tengo hambre de ti» *[Editorial Betania, Miami, Fl]*, del pastor Claudio Freidzon y lo leí muy de prisa. De igual manera su contenido comenzó a conmoverme y tuve una experiencia hermosa con Dios. Creí que me limpiaba con su sangre y que nunca más volvería a ser la misma ... Lo creí a través de la fe y lo tomé con todo mi ser, porque no soportaba más su insistencia de amarme. Fue más fuerte su amor que todas mis culpas y temores.

Muchas frases del libro me impactaron y el Espíritu Santo quebró esas barreras infranqueables que por años se construyeron en mi interior, verdaderas fortalezas espirituales y sicológicas ... Sentí un amor especial hacia mi padre por primera vez en toda mi vida, y no veía la hora de que llegase el día siguiente para saludarlo con amor y decirle que lo quería. Comenzó una restauración maravillosa.

Al otro día, durante mis tareas, saludé amorosamente a mi padre por primera vez con un beso, y en ese momento se llenó mi corazón de amor y compasión hacia él. Había tomado esa noche la decisión de amarlo. Sabía que no podría corresponder adecuadamente a mi amor, pero ya no me importaba lo que él determinara porque yo me había aferrado al amor de mi Padre Celestial y era correspondida por Él en todo momento y en toda circunstancia.

Recién pude concretar con hechos el amor nuevo y comprometido que Dios puso por mi padre en el mes de abril de 1998, cuando una noche comencé a llorar mientras hacía una tarea del hogar, una tarea común. No venía al caso que llorara, pero en verdad fui inundada del amor y del perdón de Dios, y llorando me acerqué a mi padre y le pedí unos minutos para hablarle a solas ... Le pedí perdón cara a cara por todo el odio que había sentido hacia él durante todos esos años atrás y él me pidió perdón a mí por no haber sabido tratarme de otra manera. Pudimos dialogar tranquilamente, sin gritos, confesando todo el daño que nos habíamos hecho y poniéndonos de acuerdo en alimentar esa nueva relación *de padre a hija que se estaba gestando esa noche ... Oramos juntos, le pedimos a Dios que nos enseñara a ambos a tratarnos bien y a respetarnos a pesar de nuestros defectos.*

Actualmente concurro comprometidamente a la iglesia Rey de Reyes del barrio de Belgrano y a los grupos de discipulado. Me siento amada y respetada por mis hermanos.

Dios puso una palabra en mi corazón: Que Él me creó a mí en el vientre de mi madre no solo para que trabaje, estudie y forme una familia. Él me creó a mí para que yo lo ame por sobre todas las cosas. Él necesita mi amor así como yo necesito el suyo.

Ahora puedo entender que esta es una relación de amor muy profunda, es mucho más que religión ... Es una relación comprometida, de entrega diaria. Cada día tomo la decisión de amarlo más y eso me ayuda a amar a mi papá, a pesar de sus defectos.

Dios comenzó una nueva obra en mí y será fiel en perfeccionarla. Y confío en que usará mi vida como un canal para hablarle a aquellas personas heridas, que necesitan el verdadero amor, la misericordia de Dios para sus vidas rotas y deshechas por las circunstancias de la vida.

¡Que Dios tan bueno y misericordioso tenemos! Es hermoso contemplar hoy a esta joven tan llena del amor y la pureza de Cristo.

No hay bien fuera de Dios. Sus demandas son solamente una expresión de amor de aquel que nos ama y desea lo mejor para nuestra vida. Quiera Dios que ninguno se aparte de Él, seducido por el terrible engaño del pecado.

Veamos aún otras consecuencias del pecado. Isaías 59.10 nos señala: *Teniendo salud estamos como muertos.* ¿Cuántos creyentes viven enfermos? Van al médico y este les dice que no tienen nada malo. Se hacen chequeos, análisis y estudios. Todo sale bien, pero están enfermos. El salmista experimentó esto mismo cuando decía: «*Mientras callé, se envejecieron mis huesos en mi gemir todo el día*» (Salmo 32.3).

Otro resultado es la culpa: *Nuestros pecados nos acusan*. Son creyentes cuya conciencia y cuyo sentimiento de culpa no les permiten vivir en paz. Viven dándose terapia y siguen sintiéndose culpables. Son ministrados y siguen igual. El diablo, que es el acusador, los atormenta y no los deja ministrar con libertad. Tienen que orar por un enfermo, y Satanás, les dice al oído: «Tú no puedes, porque estás sucio». Quieren tener una vida devocional regular, y el enemigo les dice: «No seas hipócrita. Para qué vas a leer la Biblia y orar, si después haces lo que quieres». Tienen el poder que resucitó a Cristo de entre los muertos, pero es un poder adormecido, preso, a causa del pecado.

Otra consecuencia que sufren los creyentes por vivir de espaldas a la voluntad de Dios, es que andan en oscuridad. Dice Isaías 59.9,10 en la Versión Popular: «*Esperábamos la luz, y no hay más que oscuridad; esperábamos la claridad, y andamos en tinieblas. Andamos a tientas, como ciegos junto a una pared, como si no tuviéramos ojos; en pleno mediodía tropezamos como si fuera de noche*». Así anda el cristiano que habiendo conocido la luz, no vive en el centro de la voluntad de Dios. Vive como si fuera ciego. Nunca sabe hacia dónde dirigir su vida. Vive siempre dependiente de consejería, preguntando qué hacer con su vida. Dios no lo puede tener en cuenta para servir y bendecir a otros, porque sería un guía ciego que pretende guiar a otros ciegos. Es como la historia de aquella mujer no vidente que estaba parada en la vereda esperando que alguien pasara y la ayudara a cruzar la calle. De pronto un caballero se le acercó y le dijo:

—¿Me permite que pase con usted al otro lado de la calle?

—Oh, sí, encantada —le respondió la mujer.

Se tomaron del brazo y empezaron a cruzar la calle. Pero en la mitad del trayecto el hombre tropezó. Entonces la mujer le dijo:

—¿Qué le está pasando? Usted camina como un ciego.

—Es que soy ciego —le respondió el hombre—. Es por eso que le pedí si podía cruzar la calle junto a usted.

Así es la situación de un cristiano que no vive en el centro de la voluntad de Dios. No puede guiar a nadie, y si lo hace es un guía ciego de otro ciego. La inmundicia quiebra el proyecto de Dios de darnos vida plena. Como bien describe el profeta en el v. 11, el creyente que no hace la voluntad de Dios, la vasija que no se sujeta al Alfarero, es como el oso que gruñe por un poco de felicidad. Es como una paloma que gime por un poco de dicha para sí y para sus seres queridos. Tiene la salvación, pero no la vive.

Por supuesto, a Dios no solo le disgusta nuestro pecado, sino que le desagrada profundamente que no vivamos plenamente la vida abundante que Él preparó para nosotros y que Cristo ganó en la cruz. En la misma versión popular que estamos utilizando para este pasaje, Isaías 59.16, dice: «*El Señor quedó asombrado al ver que nadie ponía remedio a esto; entonces actuó con su propio poder, y Él mismo obtuvo la victoria*». El ya tomó la iniciativa para vencer a nuestro enemigo, el pecado. El ya envió al Redentor, al Libertador para hacer pacto con los que se arrepienten de sus culpas. Necesitamos arrepentirnos y ser perdonados. No me estoy refiriendo al perdón recibido el día que le entregamos nuestra vida a Jesucristo por primera vez. El apóstol Juan nos enseña que: «*Si decimos que tenemos comunión con Él, y andamos en tinieblas, mentimos, y no practicamos la verdad*» (1 Juan 1.6). Necesitamos restablecer la comunión íntima y diaria con Dios.

Cuando pecamos no dejamos de ser hijos de Dios, pero nuestra comunión se ve interrumpida. La conciencia ya no está sin ofensa. Y cuando nuestra conciencia está sucia, nuestra comunión con Dios se ve interrumpida.

UNA VASIJA INMUNDA ES QUEBRADA

¿Qué sucede cuando de manera constante vivimos repitiendo los mismos pecados y renuentemente permanecemos de espaldas a la voluntad de Dios?

Confesamos nuestros pecados y Dios nos perdona, pero volvemos a caer en lo mismo. Llega el momento en que Dios establece su disciplina para nuestras vidas. David experimentó esto luego de haber pecado con Betsabé. Y la disciplina de Dios cayó sobre él: *«Porque de día y de noche se agravó sobre mí tu mano; se volvió mi verdor en sequedades de verano»* (Salmo 32.4). El que confiesa su pecado sinceramente, recibe el perdón y su comunión con Dios se restablece inmediatamente. Sin embargo, Dios puede cambiar su manera de obrar con él y para su bien aplica su mano disciplinadora. Si la disciplina es recibida, entonces cumple su cometido y se recibe corrección. Dios entonces levanta la disciplina. Pero a veces esto lleva un largo proceso.

El libro de Levítico nos dice: *«Toda vasija de barro dentro de la cual cayere alguno de ellos será inmunda, así como todo lo que estuviere en ella, y quebraréis la vasija»* (Levítico 11.33). Su mano es pesada y dura, aunque amorosa. Y cuando la mano disciplinadora de Dios se apoya sobre nosotros, Él trae quebrantamiento a nuestras vidas. La vasija se quebranta. Con tono realista el autor de Hebreos dice: *«Es verdad que ninguna disciplina al presente parece ser causa de gozo, sino de tristeza; pero después da fruto apacible de justicia a los que en ella han sido ejercitados»* (12.11).

Todo pecado que cometamos si lo confesamos sinceramente será perdonado. La restauración de la comunión es inmediata pero esto no impide que pasemos por un tiempo de disciplina. Por tanto, desde el principio de nuestra vida cristiana, tomemos muy en serio obedecerle para que Dios no necesite apoyar su mano disciplinadora sobre nosotros.

Cubre tu vida y ajusta bien la tapa, para que el diablo no encuentre espacio por donde penetrar, y para que Dios no necesite poner su mano dura sobre ti. Si estás en este momento bajo disciplina, y eres una vasija quebrada por Dios, vuélvete a Él con humillación, y acepta el trato de Dios. A su debido tiempo, el Alfarero te restaurará y te dará una nueva oportunidad. Tengo

la confianza de que Dios quiere usar las próximas páginas de
este libro, para restaurar tu vida, porque su objetivo no ha
cambiado. Él hará de ti una nueva vasija conforme a su diseño
perfecto.

8

Una vasija rebelde

Vuestra perversidad ciertamente será evaluada como el
barro del alfarero. ¿Acaso la obra dirá de su hacedor: No me
hizo? ¿Dirá la vasija de aquel que la ha formado: No
entendió?

Isaías 29.16

A través del profeta Isaías, Dios le habló a un pueblo rebelde
y orgulloso para mostrarle la soberbia, la ceguera y la
hipocresía que había en medio de ellos. Pero el pueblo, en lugar
de reconocer su situación, se llenó más de orgullo considerán-
dose sabio y lleno de entendimiento. Dios, entonces, los tiene
que reprender y les dice que por más sabios y entendidos que
se creyeran, a causa de su perversidad y orgullo, no eran otra
cosa que barro. Pone en evidencia delante de sus ojos el ridículo
que estaban haciendo al rebelarse contra su Creador. Una
actitud tan irrisoria y tan grotesca, como la de una vasija que
rechace a su hacedor y se crea más entendida que él.

El orgullo nos coloca también a nosotros hoy en una situación parecida. Cada vez que pecamos tenemos la tendencia de echarle la culpa a alguien o a algo. Cuando no le echamos la culpa a nuestra suegra, se la echamos a nuestra esposa o esposo, a los hijos, a las circunstancias, al país, al pastor, al presidente, a Satanás o a alguien. Claro, esto es una manera de transferir nuestra responsabilidad sobre otros o sobre otras cosas. A todos nos gusta hacer esto. Desde nuestros padres Adán y Eva, hasta nosotros, todos repetimos esta tendencia a proyectar nuestras culpas sobre los demás.

Con el tiempo nos damos cuenta de que esto se transforma en un círculo vicioso, en un *boomerang* que termina golpeándonos a nosotros mismos. Vamos generando alrededor nuestro un clima en donde nadie se hace responsable de sus propios errores y vive culpando a los demás, y terminamos recibiendo nosotros la culpa de los demás.

Sé sincero, ¿no es verdad que a todos nos gusta hacer esto? Cuando cometes algún error, ¿no te gusta echarle la culpa a algo o a alguien? Hoy yo tengo una buena noticia para ti. En realidad tengo una buena noticia y una mala. La buena noticia es que hoy tenemos a quién echarle la culpa. Veamos esta historia.

Elías ejerció su ministerio como profeta durante el reinado de Acab. Un rey del cual se nos dice en la Biblia que «hizo lo malo delante de los ojos de Dios, más que todos los que reinaron antes de él» (1 Reyes 16.30). Pero el desastre de Acab, no es fruto de la casualidad, sino que es la consecuencia de un pecado que caracterizó no solo su vida, sino la de todo el pueblo y sus antepasados.

Ese pecado es el pecado original: el orgullo. Es original, no porque sea novedoso, por el contrario, es el más común de los pecados. Es original porque origina el resto de los pecados. Nos debe interesar mucho esta historia y sus resultados porque luchamos contra el mismo mal.

Al orgullo sí que lo podemos hacer responsable de todos nuestros males. Él es la raíz de nuestros pecados. Al orgullo le podemos echar toda la culpa. Esta es una buena noticia. Pero te dije que también había una mala noticia: Si bien el orgullo es la raíz de los males, nosotros somos responsables de nuestro orgullo. La escuela conductista usa el principio de modificar las conductas a partir de sufrir las consecuencias de las mismas. Así, por ejemplo, se deja de fumar tomando conciencia de los terribles resultados que trae para el organismo y experimentando sensaciones que provoquen rechazo al cigarrillo.

Por supuesto hay personas que están concientes de lo malo, pero les falta el poder para eliminarlo. Por más que tengan conciencia de los resultados nefastos, no terminan de erradicar el problema, porque no tienen el poder para hacerlo. Sin embargo, yo creo que hay una utilidad en que hoy veamos algunos resultados del orgullo, con la confianza que nosotros sí tenemos del poder proveniente del Espíritu para ir cambiando nuestras conductas. Además para que ataquemos al origen del problema y no solo sus resultados.

El pasaje de 1 Reyes 16.21-34 nos habla de cuatro resultados del orgullo.

EL ORGULLO PROVOCA DIVISIÓN

Leemos en el versículo 21 que el pueblo se dividió por la lucha por el poder: «Entonces el pueblo de Israel fue dividido en dos partes: la mitad del pueblo seguía a Tibni hijo de Ginat para hacerlo rey, y la otra mitad seguía a Omri».

No hace falta ser muy inteligente para darse cuenta de que detrás de la lucha por el poder está el orgullo. Podemos leer aquí en el libro de los Reyes, que había una competencia entre los reyes para ver quién hacía las cosas peor. El poder no era un medio para el servicio al pueblo, sino que era el medio para satisfacer la ambición y el orgullo personal.

Esto, que planteado en un campo amplio no deja de ser cierto, también puede ser cierto dentro de la iglesia. El pueblo de Dios se divide a causa del orgullo. En la época de Elías, la división se concretó a partir de dos bandos que seguían a líderes distintos. Una mitad seguía a Omri, y la otra seguía a Tibni. Ninguno de los dos quería en realidad hacer lo bueno, sino satisfacer su orgullo y ambición. El resultado fue un pueblo dividido.

Lo mismo pasó en la iglesia de Corinto. Unos eran de Pablo, otros de Apolos, otros de Cefas, y otros eran tan orgullosos, que decían, nosotros somos los únicos que somos de Cristo (véase 1 Corintios 1.12). Hoy tenemos que orar para que haya unidad en el cuerpo de Cristo y así evitar los roces denominacionales. De esa manera el mundo podrá ver que somos uno.

Otra forma de orgullo que provoca división es el chisme. Este consiste en hablar mal del otro con el propósito inconsciente de sentirse superior a él. ¡Orgullo! Y esto trae división en la iglesia. Probablemente ningún otro pecado perjudique tanto a una iglesia como el orgullo disfrazado de chisme. El chisme es un cáncer dentro de la iglesia. Termina asesinándola. Por eso toda la iglesia debe reaccionar contra el chisme y contra los que lo provocan. Debe defenderse contra ese enemigo que pretende provocar división.

La manera de hacerlo es denunciándolo. Si un ladrón o un asesino entra a su casa, usted no dudaría en denunciarlo. De igual manera cuando entra el asesino de la iglesia, que es el chismoso, hay que denunciarlo.

Si tu iglesia es una congregación que quiere vivir en el centro de la voluntad de Dios, y está abierta a la obra de permanente renovación del Espíritu Santo, pues quiero que sepas que tu iglesia estará siempre en la boca de todos. Estará siempre en la mira de muchos que, a causa de su frustración, no tienen otra cosa que hacer que no sea criticar. Estar a la vanguardia significa recibir todos los balazos. De todas formas, sé humilde y no dejes de bendecirlos y amarlos como Jesús nos enseñó.

Pero para que la vanguardia pueda seguir avanzando, debe tener cubierta la retaguardia. Tu iglesia no se puede dar el lujo de la desunión. Y tú eres responsable de fortalecer la unidad en tu congregación. La falta de unidad produce la derrota. Somos desafiados a guardar solícitos el vínculo del amor. Lo contrario es el orgullo. El orgullo de los que se creen algo más que los otros. El orgullo de los inseguros, que no pueden trabajar con otros. El orgullo del chismoso.

EL ORGULLO CONDUCE AL FRACASO

Lo único que se nos dice de Omri en este resumen de su reinado, es que hizo lo malo ante los ojos de Dios, e hizo peor que todos los anteriores (véase 1 Reyes 16.25). Lindo resumen, ¿verdad? La otra cosa que se nos dice es que sus valentías están en el libro de las crónicas de los reyes (véase 1 Reyes 16.27). No se trata de ninguno de los dos libros de Crónicas que están en nuestra Biblia, ni tampoco ninguno de los dos libros de Reyes de las Escrituras. El registro de los hechos de Omri están en un libro que desconocemos. Es decir, Omri a los ojos de Dios pasó sin penas ni glorias. Ahora bien, este Omri, que pasa sin penas ni glorias para la Biblia, a los ojos del mundo secular fue alguien exitoso. Hay registros arqueológicos que indican que Omri tuvo fama y éxito. Es más, por un siglo los asirios llamaron a Israel «la casa de Omri».

Es decir, que Omri llegó a ser alguien importante a los ojos del mundo. Sus construcciones se destacaron, pero fueron el fruto del orgullo humano. Pero los humildes tienen historia en la Palabra de Dios y son ellos los que son usados por Él para modificar el mundo y la historia.

Jesús murió como un ilustre desconocido para la secularidad de su época. Sin embargo, hoy la historia se divide en antes y después de Cristo. Ninguno de los historiadores seculares del mundo primitivo hablan de Pedro, o Juan, o alguno de los apóstoles. Sin embargo, ese puñado de gente sin cultura revolucionó el Imperio Romano.

La historia del pueblo de Dios, será siempre la historia del pueblo sin historia. Sin embargo, es el pueblo que modifica la historia. Y la razón por la cual los humildes modifican la historia es porque permiten, dejan el espacio, abren el hueco para que Dios actúe. Como no confían en sus propias fuerzas, ni en su inteligencia, permiten que el obrar de Dios se haga realidad.

Por eso dice la Biblia que Dios escogió lo necio, lo débil, lo vil, lo menospreciado del mundo y lo que no es, para avergonzar a los sabios, a los fuertes, a los que según este mundo, son importantes.

El orgullo es un impedimento para que Dios actúe. Solo el poder de Dios se perfecciona en la debilidad. Por eso cuando hay humildad, Dios hace la obra y modifica la historia. Es cierto, Omri se destacó en su momento, fue poderoso y famoso. Hoy lo único que conocemos de él es que fue uno de los peores reyes de Israel. Esa es toda su fama. Por eso, si tu actitud es la correcta no importa si eres pobre o rico, si estás necesitado materialmente, emocionalmente, físicamente, o no. Lo importante es que Dios te tiene en su mira. El desea perfeccionar su poder en tu debilidad.

Cuando me gradué del seminario, tenía el ímpetu propio de todo joven. Yo decía: «Cuando tenga la oportunidad voy a predicar el evangelio». Creía que mis conocimientos teológicos y pastorales adquiridos en el seminario serían suficientes para tener un ministerio fructífero. Por aquellos años un querido hermano, misionero de las Asambleas de Dios, llamado Pablo Brannan me ofreció su apoyo para comprar una propiedad y abrir una iglesia en un barrio de hermosas casitas y calles circulares de la ciudad de Buenos Aires, llamado Parque Chás.

Cuando llegamos al lugar, enfrente a la propiedad que compramos, vimos una plaza llena de niños y jóvenes, y comenzamos a planificar una campaña evangelística. En mi entusiasmo le dije a Betty: «En dos o tres meses sacudimos el barrio».

Corría el año 1979 y el país estaba muy cerrado al evangelio, pero yo creía que lo podía lograr. Pusimos sillas en aquella plaza y empezamos a predicar, y muy pronto mis sueños de éxito cayeron por tierra. Ni siquiera una persona se acercó para oír. Las sillas permanecieron vacías día tras día.

Alguien nos sugirió: «¿Por qué no pasan una película?» Nos pareció buena idea, y esta vez logramos captar la atención de los vecinos. Se acercaron unas ancianitas que tenían alrededor de noventa años y se sentaron en la primera fila. Algunos vecinos más observaban con interés. Esto nos reanimó. Eran hermosas películas que, al finalizar y después de prender las luces, nos daban la oportunidad de predicar a los asistentes. Entusiasmado, y con mi Biblia en la mano, esperaba el gran momento. La película terminó y cuando prendimos las luces ... ¡Sorpresa! ¡Todos salieron corriendo! Excepto las pobres abuelitas que no tenían capacidad física para escabullirse. Me sentía realmente frustrado.

Busqué alternativas. No nos daríamos por vencidos. Después de analizar la situación con mi esposa, consideramos que tal vez yo no había sido lo suficientemente rápido para subir a la plataforma una vez terminada la película. Entonces ensayamos nuestro plan en casa: me escondería detrás de un árbol con el micrófono en la mano ya encendido, apenas terminase la película mi esposa prendería las luces, y yo saltaría rápidamente sobre la plataforma, ¡y les predicaría un mensaje de poder!

Muchas personas se habían reunido esa noche. Yo estaba en posición con el micrófono en la mano, y en el momento en que se encendieron las luces, pegué un gran salto sobre la plataforma y grité: «¡No se vaya! Tengo buenas noticias para usted».

¿Sabes qué ocurrió? Todo el mundo se fue corriendo en mi propia cara. Fue realmente cruel.

El Señor estaba tratando a fondo con mi autosuficiencia.

Esos años de derrota me llevaron a darme cuenta de que todo lo que intenté realizar por mí mismo fue en vano. Dios me mostró que mis capacidades, mi preparación teológica, eran insuficientes. Necesitaba quebrantarme para que fluyera la vida de Jesús, la vida que el mundo necesitaba. Desde aquel momento surgió en mí una sed y un hambre por conocer al Espíritu Santo y su poder. Hoy no tengo duda que toda virtud y capacidad que los demás vean en mí es obra exclusiva del

Espíritu Santo. Sé que todo lo que tengo es por su gracia y que solo Él es digno de recibir toda la gloria.

En aquellos años de desierto el Alfarero estaba tratando con mi orgullo, con mi humanidad, para que fuera una vasija útil. Él desea modificar tu historia, y usarte para modificar la historia. Si a los ojos de los hombres no eres exitoso, poderoso, o si no tienes historia, Dios quiere hacer historia contigo y a través de ti. No la historia del orgullo o del poder humano, sino la historia que modificará tu vida y la de los demás: la historia de su Reino.

EL ORGULLO SE TRANSMITE

Aprendemos que el orgullo es contagioso. Se transmite de generación en generación. Muerto Omri, reinó su hijo Acab. ¿Cómo te imaginas que habrá sido la vida y reinado de Acab? Dice el versículo 33, que fue peor que la de su padre y que la de todos los reyes anteriores. No podía ser de otra manera.

Acab se crió alimentándose del ejemplo de una actitud orgullosa. Una actitud de soberbia, autosuficiencia y rebeldía contra Dios. El resultado fue que su hijo repitió lo que vio en él. Porque el orgullo, es más que un pecado, es un estilo de vida. Es la decisión de vivir de espaldas a Dios. Este es el pecado común a todos nosotros, porque lo hemos heredado de nuestros padres Adán y Eva. El orgullo fue más que un pecado puntual. Se transformó en una manera de vivir que se fue transmitiendo de generación en generación hasta nosotros.

Esta actitud de vida consiste en vivir de espaldas a Dios, en no dejar que Él gobierne nuestra vida, en no permitir que Él actúe en nuestras vidas. Es desplazar a Dios del primer lugar de nuestra existencia, creyendo que, como vasijas, ya no necesitamos que el Alfarero ponga sus manos en nosotros. Dios tiene lugar en la vida de muchos solo cuando «aprieta el zapato», mientras tanto, cada uno sigue haciendo lo que le parece. Este es el pecado que origina los pecados. Este es el pecado que nos separa de Dios. Este es el estilo de vida que nos produce infelicidad, desdicha, tristeza, depresión, pobreza, enfermedad, angustia y dolor. Este es el pecado del cual nos debemos arrepentir. El estilo de vida que debemos dejar. No conformarnos con atacar solamente las consecuencias: «dejar de hacer esto o aquello», sino ir a la raíz, a nuestro orgullo que nos aleja de Dios.

EL ORGULLO SE CASTIGA

Es interesante ver lo que dice el versículo 34: «En su tiempo Hiel de Bet-el reedificó a Jericó. A precio de la vida de Abiram su primogénito echó el cimiento, y a precio de la vida de Segub su hijo menor puso sus puertas, conforme a la palabra que Jehová había hablado por Josué hijo de Nun».

Para comprender bien esto necesitamos leer Josué 6.26:

«En aquel tiempo hizo Josué un juramento, diciendo: Maldito delante de Jehová el hombre que se levantare y reedificare esta ciudad de Jericó. Sobre su primogénito eche los cimientos de ella, y sobre su hijo menor asiente sus puertas».

Dios no puede ser burlado. Dios juzga y castiga nuestro orgullo, nuestra falta de dependencia de Él. Los cristianos que viven sin negarse a sí mismo cada día, se frustran y fracasan. Por eso hay tantos cristianos con sensación amarga. El orgullo y la autosuficiencia, tienen su resultado asegurado: el castigo.

Y cuando nuestra orientación básica en la vida está equivocada, lo que nos espera no es un castigo puntual, sino permanente: Una vida amargada aquí en este mundo y el castigo eterno en el más allá.

Pero Jesús no vino para condenar al mundo, sino para salvar al mundo. La manera de hacerlo, en las palabras de Jesús, es: *«Si alguno viene en pos de mí niéguese a sí mismo, tome su cruz y sígame».* Negarse a sí mismo significa renunciar al orgullo básico. Tomar la cruz, quiere decir, renunciar al orgullo diario. Y seguirle, no es otra cosa que dejar que Él maneje la vida.

Este es el tiempo en que el Alfarero quiere cambiar tu historia de vasija rebelde, y hacer finalmente su diseño en ti. Este es el tiempo en que el Alfarero quiere cambiar la historia de tu vida para luego usarte y cambiar la historia de este mundo y de este tiempo con el evangelio. ¡No te resistas, deja que el Alfarero te moldee!

Una vasija de maldición

> *Luego tomará el sacerdote del agua santa en un vaso
> de barro; tomará también el sacerdote del polvo que hubiere
> en el suelo del tabernáculo y lo echará en el agua.*
>
> Números 5.17

En el antiguo Israel había una ceremonia muy curiosa que reflejaba una práctica arcaica establecida en la ley mosaica, con el propósito de determinar la culpabilidad o inocencia de una persona sospechosa de adulterio. El libro de Levítico sentenciaba a muerte cuando se encontraba a cualquiera de las partes en adulterio. Cuando faltaban pruebas para dictaminar la culpabilidad de una esposa, que se presumía había caído en adulterio, el marido debía traer a su mujer al sacerdote, junto con una ofrenda, llamada ofrenda de celos. Entonces el sacerdote tomaba del agua santa en un vaso de barro y luego tomaba polvo del suelo del tabernáculo y lo echaba en el agua. Las aguas santas, contaminadas de esta manera por el polvo, se transformaban en aguas amargas, aguas que acarreaban maldición. La mujer debía tomar de esas aguas y si hubiere cometido pecado de adulterio la maldición caería sobre ella, su vientre se hincharía y sería estéril para siempre. Este era un espantoso castigo en una sociedad que concedía un gran valor a la prole numerosa. Al margen de lo curioso de esta ceremonia, creo que hay una enseñanza tremenda para nosotros hoy. La vasija de barro que es tu vida, ha sido destinada por Dios para contener aguas sagradas, aguas santas. Pero cuando a causa de la infidelidad a Dios, el polvo de tu pecado contamina tu vida, dejas de ser una vasija que contiene aguas santas, para ser una vasija que contiene aguas amargas, aguas de maldición.

Así como el adulterio consiste en llevar adelante una relación dual, el adulterio espiritual consiste en decir que somos hijos de Dios, que amamos al Señor, y al mismo tiempo vivimos en desobediencia a Dios. El cristiano dual es el que cree que puede caminar por dos caminos a la vez. Quiere jugar a dos puntas, nadar en dos aguas. No termina de decidirse. Es vasija con agua santa, pero también con polvo. El resultado es que termina siendo vasija de maldición.

EL CORAZÓN DIVIDIDO

Algunos cristianos no alcanzan la plenitud de Dios y viven, sin quererlo, una doble vida. Me refiero a aquellos que disfrutan de la presencia de Dios en las reuniones, palpan su gloria, pero en su vida privada viven otra realidad espiritual. El panorama de sus vidas parece el descrito por el profeta Hageo cuando dice: «Pues así ha dicho Jehová de los ejércitos: Meditad bien sobre vuestros caminos. Sembráis mucho y recogéis poco; coméis y no os saciáis; bebéis, y no quedáis satisfechos; os vestís, y no os calentáis; y el que trabaja a jornal recibe su jornal en saco roto» (Hageo 1.5,6).

En la iglesia tienen gozo, santidad, comunión, pero en sus casas todo esto se pierde. Allí hay soledad, tristeza, vacío espiritual, contiendas, griterías ... De la atmósfera de gloria pasan rápidamente a un clima espiritual diferente. ¿Acaso perderán la unción en el camino de la iglesia a la casa? Ciertamente que cada uno medite en su camino.

El apóstol Pedro nos advierte: «Sed sobrios y velad, porque vuestro adversario el diablo, como león rugiente anda alrededor buscando a quién devorar» (1 Pedro 5.8). Satanás ataca la vida de los creyentes con el propósito de dividir su alma: «No sea que desgarren mi alma cual león, y me destrocen sin que halla quién me libre» (Salmo 7.2). Satanás cual león ataca nuestra alma con el fin de desgarrarla, de dividirla. Santiago nos explica que debemos estar sujetos al señorío de Cristo y resistir al diablo, para evitar que nuestra alma se divida: «Someteos, pues a Dios; resistid al diablo y huirá de vosotros. Acercáos a Dios, y Él se acercará a vosotros. Pecadores, limpiad las manos; y vosotros los de doble ánimo, purificad vuestros corazones» (Santiago 4.7,8).

La palabra que Santiago utiliza es *dipsykos*, que significa literalmente: dos almas, dos mentes, dos corazones. Según la Biblia el objetivo satánico al dividir es destruir: «Todo reino dividido contra sí mismo, es asolado, y toda ciudad o casa dividida contra sí misma no permanecerá» (Mateo 12.25). Satanás sabe que si nuestro corazón está dividido no podremos amar a Dios con toda nuestra alma, como nos pide en la Palabra: «Ahora, pues, Israel, ¿qué pide Jehová tu Dios de ti, sino que temas a Jehová tu Dios, que andes en todos sus caminos y que lo ames, y sirvas a Jehová tu Dios con todo tu corazón y con toda tu alma?» (Deuteronomio 10.12).

Nuestra alma dividida intenta servir a dos señores. Pero tal como enseñó Jesús esto es imposible: «Ninguno puede servir a dos señores; porque o aborrecerá al uno y amará al otro, o estimará al uno y menospreciará al otro. No podéis servir a Dios y a las riquezas» (Mateo 6.24). El ejemplo que pone Jesús es de alguien que sirve a dos señores y el resultado es que ama más a uno y menosprecia al otro. Es decir, no se puede servir con amor absoluto, exclusivo, a dos señores. No se puede andar por el camino del señorío de Cristo y al mismo tiempo hacer nuestra propia voluntad. Proverbios afirma claramente: «El camino de Jehová es fortaleza al perfecto pero es destrucción a los que hacen maldad» (Proverbios 10.29). Así como para el creyente «entero», auténtico, consagrado, el camino del Señor es fortaleza, para aquel que pretende vivir la vida cristiana «dividido», haciendo lo que quiere, siguiendo su voluntad, solo le espera la destrucción.

Hace pocos días recibí la carta de un hombre que me relataba una experiencia que sin duda lo había marcado en su momento. Este joven era drogadicto y alcohólico. Su familia, como suele ocurrir en estos casos, estaba destruida. Su esposa e hijos sufrían enormemente su mala conducta. Sus vicios y su estado de alteración emocional le impedían tener un trabajo estable por lo que salía a robar para dar de comer a los suyos. Aquel día detuvo uno de los tantos taxis que recorren la ciudad de Buenos Aires para asaltarlo. Subió y le indicó al conductor un destino escogido al azar. A las pocas cuadras extrajo un arma y, manifestándole que se trataba de un asalto, le ordenó que le entregase todo el dinero de la recaudación. Para su sorpresa el chofer, que es un miembro de nuestra iglesia, se dio vuelta y mirándole a los ojos le dijo: «¡Jesús te ama!». Este joven me relataba en su carta que en aquel momento sintió como si un rayo atravesara todo su cuerpo. Resulta que él era un cristiano apartado. Había estado en una iglesia, pero luego se apartó y se entregó al pecado. Aun llegó a involucrarse con el espiritismo y la secta umbanda. Por eso las palabras de aquel chofer lleno del Espíritu Santo lo conmovieron tanto. Su primer impulso fue intentar bajarse del taxi y salir corriendo, pero nuestro hermano no se lo permitió. Lo tomó de la mano y le dijo: «¡No te vayas! Tienes que escuchar la Palabra de Dios. Estas robando porque necesitas a Cristo». Allí se quedaron hablando por largo tiempo y este joven volvió a entregar su corazón a Cristo. Luego de orar juntos, el hermano de nuestra iglesia lo llevó hasta su casa y se despidió con el compromiso de pasarlo a buscar el domingo para ir a la iglesia. Así fue como hizo contacto con nosotros y al poco tiempo nos escribía esta carta con tan precioso testimonio. Pero hay algo que debo decirte. No puedo pasar por alto un dato muy importante con relación a esta carta. ¿Sabes desde qué lugar me escribió estas líneas? DESDE LA CÁRCEL. Dios le había dado una gran oportunidad para entregarle por completo su corazón, pero no la aprovechó y terminó peor que antes. No pierdo las esperanzas en cuanto a él, pero su experiencia deja en claro las consecuencias de tener un corazón dividido.

El cristiano dual no solo es mal visto por Dios, sino aun por la gente. Las personas respetan a aquel que es coherente, aquel que está comprometido verdaderamente con lo que cree. La gente puede o no estar de acuerdo, pero si percibe que la persona está comprometida, la respetan. Esto uno lo puede ver claro con los adolescentes. Los candidatos mejores para la burla de sus propios compañeros son aquellos que andan caminando a medias. Todo lo contrario sucede cuando ven a un creyente entregado a su Señor, con una vida ética que lo respalda, y con una actitud espléndida y gozosa ante la vida. Cuando perciben una postura ante los demás de disposición, de ayudar, de dar consejos sabios; entonces a ese creyente se le respalda, y a la hora de la necesidad, es al primero que se busca, porque notan que es distinto. Cuando ven que lo que una persona cree es también lo que vive, la gente ofrece respeto y aun admiración. Así lo anticipa el libro de Deuteronomio: «Guardadlos (los estatutos y decretos de la Palabra de Dios) pues, y ponedlos por obra; porque esta es vuestra sabiduría y vuestra inteligencia ante los ojos de los pueblos, los cuales oirán todos estos estatutos, y dirán: Ciertamente pueblo sabio y entendido, nación grande es esta» (Deuteronomio 4.6).

La gente rechaza a aquel que es incoherente, en cuya vida se bifurcan la fe y la conducta. Aquel con una fe más exterior que interior: «Cercano estás tú en sus bocas, pero lejos en sus corazones» (Jeremías 12.2). Es aquel que conoce la Palabra de Dios, gesticula como el resto, ora, canta. Dios está siempre en su boca, pero no está en su corazón sentado en el trono, gobernando su existencia. Cree que puede ser cristiano en algunas áreas de su vida y en otras hacer su voluntad. Cree que tiene libertad para escoger en qué cosas o aspectos debe obedecer a Dios, y en cuáles hacer lo que él desea. No entiende el mandato que dice: «Reconócelo en todos tus caminos y Él enderezará tus veredas» (Proverbios 3.6).

Para muchos creyentes es casi normal vivir de manera dual. Pero quiero que entiendas claramente lo que eso significa para Dios. Él se disgusta con el creyente dividido: «Cuarenta años estuve disgustado con la nación y dije: pueblo es que divaga de corazón y no han conocido mis caminos» (Salmo 95.10). Es muy interesante la palabra divagar. El prefijo di, da el significado de doble. Es decir divagar es vagar por dos caminos. Dios se disgusta con el que tiene un corazón dual, con el que vaga por dos caminos. Y se disgusta seriamente: «Por tanto juré en mi furor que no entrarían en mi reposo». No es broma. Dios lo considera muy seriamente y dictamina que la persona que vive así es culpable: «Está dividido su corazón. Ahora serán hallados culpables» (Oseas 10.2).

La razón es que Dios quiere cristianos enteros, íntegros, no divididos. Que le amen con todo el corazón, y con toda el alma y con todas las fuerzas. Dios está esperando que nos decidamos: «He aquí pongo delante de vosotros camino de vida y camino de muerte» (Jeremías 21.8). Este es el tiempo de elegir el camino a seguir.

LA NECESIDAD DE DECIDIR

El problema de Israel no era que no adoraban a Jehová. Ellos adoraban al Señor, pero paralelamente adoraban también a Baal: «Así temieron a Jehová aquellas gentes, y al mismo tiempo sirvieron a sus ídolos; y también sus hijos y sus nietos, según como hicieron sus padres, así hacen hasta hoy» (2 Reyes 17.41). El profeta Oseas en otro momento tuvo que denunciar que el pueblo jugaba a dos puntas: «Está dividido su corazón» (Oseas 10.2). Este ha sido el mal histórico del pueblo de Dios.

Santiago instruye a los destinatarios de su epístola diciendo que «el hombre de doble ánimo es inconstante en todos sus caminos» (Santiago 1.8). El problema de muchos cristianos hoy es el mismo. No es que no adoren a Dios, el problema es que paralelamente adoran a otros dioses, al mismo tiempo que asisten a la iglesia. Pero lo que es mucho más común y generalizado es que sus dioses son más sutiles: el dinero, el trabajo, la familia, la posición social, la profesión, la vocación. Son dioses más sutiles, porque ninguna de estas cosas son malas en sí mismas. Pero cuando ocupan el primer lugar en la vida de una persona, cuando son el factor que trae alegría o tristeza, el elemento que da la paz o la quita, entonces se han transformado en dioses que ocupan el lugar del verdadero Dios.

A muchos creyentes les sucede lo mismo que a los contemporáneos de Jesús. A sus oyentes del Sermón del Monte, Jesús les dijo que debían definirse. Que no podían servir a Dios y a Mamón, el dios de las riquezas. Muchos cristianos quieren servir a Dios y al mismo tiempo viven para hacer dinero. No está mal ganar dinero, pero cuando el dinero es el eje de nuestra vida, cuando el centro de mi existencia es tener dinero o querer tenerlo, entonces consciente o inconscientemente he hecho del dinero un dios.

Mamón es un dios que actúa y penetra en el corazón de las personas muy sagazmente. Pero quiero que sepas, que el único que opera a partir del principio de la gracia, es decir que te da todo gratuitamente, es Dios. Los falsos dioses siempre te cobran. Generalmente operan a partir del principio del trueque. Mamón te da pero a cambio de la posesión de tu corazón. Por eso Jesús enseñó que allí «donde esté vuestro tesoro, allí estará también vuestro corazón» (Mateo 6.21). Mamón te ofrece todo el mundo, a cambio de tu corazón. De forma tal que tu corazón no tenga a Dios como tesoro, como eje, como centro, como Señor. A esto se debe la advertencia tan clara de Jesús: «Porque ¿qué aprovechará al hombre, si ganare todo el mundo y perdiere su alma? ¿O qué recompensa dará el hombre por su alma?» (Mateo 16.26).

Muchos creyentes que caen en la trampa de Mamón, no se dan cuenta hasta que están atados por este ídolo. Porque Mamón da, y entonces, el creyente que no discierne cree que está bendecido porque es prosperado. Por eso es importante ejercer discernimiento espiritual. Debo hacerme un test: ¿Mi progreso económico me está acercando más a Dios? ¿Le estoy dando más de mi vida a Él o no? Esto es vital porque el diablo también hace prosperar.

Ahora, no quiero que mal interpretes y pienses que la prosperidad es mala o que yo estoy en contra de ella. Mi familia, mi iglesia y yo, somos testimonios vivientes de un Dios que prospera grandemente. Lo que estoy tratando de transmitirte es la necesidad de discernir de quién proviene la prosperidad. Porque sabemos muy bien que el diablo es imitador de todas las bendiciones de Dios. La razón por la cual alguien, que es la encarnación del mal, imita una bendición, es porque a través de esa imitación atrapa a muchos creyentes engañándolos. Les hace creer que están siendo bendecidos por Dios, y en la realidad están lentamente apartándose de Él.

Satanás es el que mejor aplica el famoso dicho: «divide y vencerás». Él sabe que si logra dividir nuestro corazón, entonces, puede manejar nuestra vida, ya que no estaremos sujetos a la voluntad de Dios y a su señorío. A un cristiano él jamás lo va a seducir de manera directa diciéndole: divide tu corazón adorando a Dios y a mí. Porque sabe que el creyente rechazaría inmediatamente cualquier invitación a tener algo que ver con el diablo. Entonces, utiliza un señuelo bien disimulado, pero que esconde su agudo anzuelo. Él intenta atraer con cosas buenas, pues de lo contrario un creyente las rechazaría. Luego esas cosas buenas en sí mismas, las lleva a ocupar el lugar de Dios, haciendo de ellas ídolos.

Como vimos, el dinero o las riquezas pueden ser el señuelo. A otras personas las atrae con algo tan maravilloso como es la familia. Hace que algunos cristianos vivan solo para su familia. Se transforman en obsesivos de la familia. Nunca pueden hacer nada para el reino, porque tienen que dedicarse a la familia. Por eso es que el Señor, que es el creador y sustentador amoroso de la familia, tiene que decir: «Si alguno viene a mí, y no aborrece a su padre, y madre, y mujer, e hijos, y hermanos, y hermanas, y aun también su propia vida, no puede ser mi discípulo» (Lucas 14.26). Como resulta obvio, Jesús no está enseñando que se deba odiar a los padres, o a los hijos, o a los hermanos y demás familiares. Lo que Jesús está diciendo es que cualquiera que ame más a un familiar que a Dios, no puede ser su discípulo. La esencia de seguir a Jesucristo es que Él debe ser el primero en nuestras vidas, en segundo lugar debe estar la familia y en tercero el ministerio y servicio cristiano.

He tratado de ilustrarte con el dinero y con la familia la estrategia diabólica de dividir tu corazón. Pero lo mismo po- dríamos decir del trabajo, de la profesión, del sexo, de la casa, de un deporte, y de cualquiera otra cosa que ocupe el primer lugar que le corresponde a Dios en tu vida. Aun la iglesia o el ministerio, si están mal ubicados en la vida de una persona y están ocupando el lugar de Dios, estos se transforman en dioses falsos. Y cuando estamos atrapados por estos ídolos, estamos atados por demonios, porque cuando una persona vive para algo, y ese algo es su dios, y lo mejor de su esfuerzo, de sus motivaciones, y de sus energías son puestas en el altar de ese dios, está sacrificando su vida a los ídolos. La Biblia dice que el sacrifica a los ídolos «a los demonios lo sacrifican, y no a Dios; y no quiero que vosotros os hagáis partícipes con los demonios» (1 Corintios 10.20).

Muchas veces he visto creyentes que han tenido experien- cias concretas con el Señor. Jesús ha hecho cosas tremendas en sus vidas, les ha dado dones y talentos preciosos, los ha ungido, y aún así viene a nuestras mentes la pregunta: ¿Qué les pasa que nunca terminan de comprometerse, de entregarse por comple- to? La respuesta es: Están divididos. Tienen su corazón dividi- do. Según Santiago, necesitan ser purificados: «Y vosotros los de doble ánimo, purificad vuestros corazones» (Santiago 4.8). O como traduce la Versión Popular: «Purifiquen sus corazones, ustedes que quieren amar a Dios y al mundo a la vez».

Me impactaron los testimonios de un grupo de jóvenes de la iglesia a quienes en un tiempo de oración, el Señor tocó profundamente. Ellos sintieron la necesidad de consagrar por completo su corazón dejando a un lado aquellos pequeños dioses que empañaban la visión de Dios para sus vidas. Una hermana dijo:

> *El Señor me pide que deje mi egocentrismo, aquellas cosas que para mis son importantes y que me preocupe de aquellas cosas que para Él son importantes. Aquello que está en su corazón. No somos nuestros dueños, somos siervos de Cristo. Estamos en esta tierra para hacer su voluntad, para obedecerle y servirle.*

Otra joven testificó:

> *Cuando oramos, cuando buscamos a Dios, me di cuenta de que me estaba ocupando de mis asuntos, de mis propias metas. No me daba cuenta que a mi alrededor había gente que necesitaba que les predicara el evangelio. La gente que me rodea son oportunidades que Dios me da y no debo desperdiciarlas.*

Estos son testimonios de corazones purificados. Alineados en la voluntad de Dios. ¿No querrá Dios hacer lo mismo contigo?

En un momento muy especial de la vida de Israel, el pueblo estaba otra vez con su corazón dividido. Y Elías los confronta con una pregunta que sigue resonando hasta hoy para que nosotros también la respondamos: «¿Hasta cuándo claudicaréis entre dos pensamientos?» (1 Reyes 18.21). El pueblo adoraba a Jehová, pero al mismo tiempo a Baal. Esto era abominación para Dios. Y entonces el profeta ungido tiene que sacudirlos con esta pregunta. La Versión Popular traduce: «¿Hasta cuando van a continuar ustedes con este doble juego?» ¿Sabes? A Dios no le gusta que juguemos con Él, y hoy te pregunta: «¿Hasta cuándo?»

Los profetas de Baal invocaron a su dios desde la mañana hasta el mediodía. Pero no hubo voz, ni quien respondiese. Saltaban alrededor del altar que habían hecho, pero nada pasaba. Gritaban y clamaban a grandes voces, pero nada pasaba. Se sajaban con cuchillos y con lanzas hasta chorrear la sangre sobre ellos, pero nada pasaba. Pasó el mediodía, y ellos siguieron gritando frenéticamente hasta la hora de ofrecerse el sacrificio, pero no hubo ninguna voz, ni quien respondiese ni escuchase. Nuestros diosesitos pueden darnos cierta satisfacción pasajera. Pero en las horas decisivas, no nos sirven para nada. No nos escucharán ni responderán. Solamente el único y verdadero Dios puede escuchar nuestro ruego y satisfacer nuestra vida.

Dice la Palabra que cuando Elías confrontó al pueblo con esta pregunta: «¿Hasta cuándo claudicaréis vosotros entre dos pensamientos?», el pueblo no dio respuesta: «Y el pueblo no respondió palabra». No hay cosa que a Dios le moleste más que el silencio de los que no se deciden, de los que no terminan de tomar una decisión cualquiera que esta sea. Con lenguaje tremendamente duro el Señor nos advierte: «Yo conozco tus obras que ni eres frío ni caliente. ¡Ojalá fueses frío o caliente! Pero por cuanto eres tibio, y no frío ni caliente, te vomitaré de mi boca» (Apocalipsis 3.15,16). Dios prefiere a los fríos antes que a los tibios. Los fríos tendrán el final que ellos libremente buscaron y eligieron. Pero los tibios, ¡ay de ellos!, porque creerán que son de Dios, pero serán vomitados. Los fríos se pueden arrepentir, los tibios creen que no lo necesitan.

Pero este es tiempo de restauración. Por eso es necesario que tomemos conciencia de la gravedad de vivir una vida dual y cambiemos. ¿Cómo? Haciendo de nuestro corazón dividido un solo corazón, es decir, siendo íntegros. En primer lugar, debemos convertirnos por completo a Él: «Y te *convirtieres* a Jehová tu Dios, y obedecieres a su voz conforme a todo lo que yo te mando hoy, tú y tus hijos, con *todo* tu corazón y con *toda* tu alma» (Deuteronomio 30.2, énfasis añadido). Muchos experimentan una conversión parcial. Por eso es que nunca terminan de vivir vidas victoriosas. Dios hoy llama a una conversión total, completa, integral de nuestra vida.

En segundo lugar, amar al Señor con todo nuestro ser: «Ahora, pues, Israel, ¿qué pide Jehová tu Dios de ti, sino que temas a Jehová tu Dios, que andes en todos sus caminos y que lo *ames*, y sirvas a Jehová tu Dios con *todo* tu corazón y con toda tu alma» (Deuteronomio 10.12, énfasis añadido). El Señor debe ser nuestro primer y principal amor. Ningún otro amor, puede ocupar el lugar que le corresponde a Él.

En tercer lugar, obedecerle con toda nuestra vida: «Jehová tu Dios te manda hoy que *cumplas* estos estatutos y decretos; cuida, pues, de ponerlos por obra con *todo* tu corazón y con *toda* tu alma» (Deuteronomio 26.16, énfasis añadido). El amor que Dios nos pide que le brindemos, no es un amor *romanticoide*. Es un amor verdadero que se demuestra en nuestra disposición a obedecerle. Jesús así lo entendió cuando dijo: «Si me amáis, guardad mis mandamientos» (Juan 14.15).

En cuarto lugar, servir al Señor con todo nuestro ser: «Solamente que con diligencia cuidéis de cumplir el mandamiento y la ley que Moisés siervo de Jehová os ordenó: que améis a Jehová vuestro Dios y andéis en todos su caminos; que guardéis sus mandamientos, y le sigáis a Él, y le sirváis de *todo* vuestro corazón y de *toda* vuestra alma» (Josué 22.5). «Ahora, pues, temed a Jehová y *servidle* con *integridad* y en verdad y quitad de entre vosotros los dioses a los cuales sirvieron vuestros padres al otro lado del río, y en Egipto; y *servid* a Jehová» (Josué 24.14, énfasis añadido).

Quinto, es preciso andar con verdad. No solo es un momento de decisión y de conversión, sino que la vida cristiana es un andar en y con la verdad: «Para que confirme Jehová la palabra que me habló, diciendo: Si tus hijos guardaren mi camino, *andando* delante de mí *con verdad*, de *todo* su corazón y de *toda* su alma, jamás, dice, faltará a ti varón en el trono de Israel» (1 Reyes 2.4).

En sexto lugar, buscarle cada día con total intensidad. Tener hambre y sed de Dios, buscándole de verdad, ansiando más y más de Él: «Entonces prometieron solemnemente que *buscarían* a Jehová el Dios de sus padres, de *todo* su corazón y de *toda* su alma» (2 Crónicas 15.12).

Por último, hacer un pacto con Dios de que Él será el único Dios a quien vamos a amar, obedecer, servir, seguir y buscar: «Y estando el rey en pie en su sitio, hizo delante de Jehová *pacto* de caminar en pos de Jehová y de guardar sus mandamientos, sus testimonios y sus estatutos, con *todo* su corazón y con *toda* su alma, poniendo por obra las palabras del pacto que estaban escritas en aquel libro» (2 Crónicas 34.31).

El Alfarero promete terminar con tu dualidad, con tu doble corazón y tu doble camino si auténticamente le buscas. Él nos asegura: «Y les daré un corazón, y un camino, para que me teman perpetuamente, para que tengan bien ellos, y sus hijos después de ellos» (Jeremías 32.39). El resultado de vivir de esta manera a partir de hoy, servirá para que el Alfarero restaure tu vida y no seas más una vasija de maldición, ni contengas aguas amargas, sino que seas una vasija santa.

10

Una vasija endurecida

> *Y la vasija de barro que él hacía se echó a perder en su mano.*
>
> Jeremías 18.4

Jeremías estaba desalentado. Su corazón se desgarraba ante la realidad de un pueblo fracasado que marchaba hacia la destrucción. Pero Dios no lo dejó sumido en la depresión sino que, en medio de ese contexto, le habla ordenándole que vaya a la casa del alfarero.

Allí observa al artesano trabajar. Lo contempla mientras él toma el barro en sus manos y lo coloca sobre la rueda. Se sorprende cuando al toque de sus dedos una vasija comienza a formarse. Pero cuando la obra parecía concluir ... ¡la vasija se deshizo en sus manos! Sin embargo, el alfarero, sin inmutarse, recogió el barro de la vasija rota y amasándolo nuevamente lo volvió a colocar sobre la rueda. Pronto quedó moldeada una nueva y hermosa vasija.

LA REALIDAD DE TU FRACASO

Desde el día que naciste, Dios te tomó y te colocó en su rueda y por muchos años ha tratado de moldearte. Pero quizás has sufrido una rotura y has venido a ser solo un pedazo de vasija rota. Has fracasado y en el piso están los pedazos del hombre o de la mujer que podrías haber sido, según el proyecto del Señor. ¿Qué hará Dios? Él te creó con un propósito, pero no lo ha podido lograr en ti. ¿Tomará a otra persona y realizará en ella el proyecto que tenía pensado para ti? ¿Encomendará a otra persona la tarea que tenía diseñada para ti? Quizás sí. Pero tal vez, como vimos en el primer capítulo, todavía no.

En lugar de tomar otro pedazo de barro para realizar la vasija que ha pensado, Él regresa a buscarte. Su mano pasa por encima de miles, de millones para encontrarte, para recomponer los fragmentos y empezar de nuevo.

Es fundamental que entiendas que Él es el Dios de las nuevas oportunidades. Pero también es vital que asumas la realidad de tu frustración y comprendas por qué fracasaste. De lo contrario, te verás repitiendo trágicamente la misma historia. El principio de la restauración es reconocer nuestra realidad. De nada sirve ocultar la verdad. Porque en lo más profundo de tu ser, hay una sensación innegable, ese sabor amargo por el revés. Ese suspiro permanente por una santidad que nunca llegas a alcanzar. Ese anhelo de victoria en tu vida cristiana, que siempre queda apenas en un deseo.

¿La vasija se habrá roto por la falta de pericia del alfarero? ¿Acaso habrá sido Dios el que fracasó? Isaías nos ayuda a responder a esta pregunta cuando dice: «Vuestra perversidad ciertamente será reputada como el barro del alfarero. ¿Acaso la obra dirá de su hacedor: No me hizo? ¿Dirá la vasija de aquel que la ha formado: No entendió?» (Isaías 29.16).

Cuando un niño nace, los padres imaginan para ese bebé el mejor de los futuros. De la misma manera Dios ha imaginado para tu vida lo mejor. ¡Dios no se ha equivocado contigo! Cuando te escogió no te idealizó. Te eligió tal como eres. No más sabio, no más rico, no más linda, no más importante.

Por un instante imaginemos lo sucedido. El alfarero coloca el barro sobre la rueda y empieza a manipularlo. Todo va bien hasta llegar a cierto lugar, donde hay una grieta, una imperfección que le hace resistencia. Continúa la tarea de moldeado, pero cada vez que pasa por ese mismo lugar encuentra el punto que lo obstaculiza para concluir satisfactoriamente la obra. ¿Dónde está el problema? ¿En el alfarero? Su mente y habilidad artística permanecen intactas. Su capacidad de moldeo no ha cambiado. La falla está en el barro que se resiste.

LA RAZÓN PARA TU FRACASO

Como dice Evelyn Christenson, hay un punto en el cual nos resistimos a hacer la voluntad de Dios. Es el punto de nuestro fracaso. Intentamos olvidarnos, pero el Espíritu Santo nos redarguye y lo trae una y otra vez a nuestra conciencia. Ese es el punto, ese es el lugar donde mi voluntad se atrinchera. Es el espacio de mi vida donde yo quiero seguir gobernando, sin permitir que sea Dios el que lo haga.

Pero cuando nos postramos y nos rendimos definitivamente a la voluntad de nuestro Señor, entonces el gran Alfarero nos toma y hace de nosotros su vasija más hermosa. Jacob fue al taller del Alfarero y el Señor hizo de ese hombre competitivo y tramposo un siervo suyo, un Israel, un príncipe de Dios. Pedro fue al mismo taller, lloró amargamente humillándose delante de Dios, y vivió un Pentecostés. La metodología de Dios no ha cambiado. Él quiere hacerlo contigo. ¿Hay un sabor amargo en tu vida? ¿Las marcas de la frustración dejaron sus huellas en tu vida? ¿No será acaso que estuviste resistiendo en lugar de rendirte?

Un punto de resistencia que se destaca por sobre otros y frustra a muchos cristianos en el proyecto divino, es la falta de perdón. ¡Cuántos cristianos se resistieron al Alfarero en este punto! Llegaron obstinadamente a perderlo todo hasta que descubrieron la causa de su fracaso. Déjame decirte que el Alfarero sacará a luz cualquier impureza que impida su obra.

Aun aquellas que tú ignorabas que estaban allí. El testimonio de Alfredo (usaremos como en otros casos un nombre diferente para proteger su intimidad), es un buen ejemplo de cómo Dios actúa:

Sucedió a mediados del año 1990, cuando Dios trató profundamente conmigo mientras dirigía los lunes a un grupo de adolescentes de la iglesia.

Llamé por teléfono a Pedro, uno de los jóvenes de mi grupo, porque Dios me había puesto una carga muy especial por él y presentía que algo andaba mal. Los padres de Pedro se habían separado hacía diez años y él nunca lo había asimilado. A pesar de que vivía con su madre y la nueva pareja de ella, la herida permanecía abierta. El dolor se agravó aquel lunes cuando Pedro escuchó cómo su mamá hablaba por teléfono con un nuevo «amigo», lo que confirmó que las miradas acarameladas que creyó haber visto alguna vez entre ellos, eran la causa del actual distanciamiento con su «segundo papá». Quedamos en encontrarnos más temprano en la iglesia para hablar.

Se ahogaba en llanto y me costaba permanecer firme en mis palabras que le hablaban del perdón. Llorábamos juntos mientras le pedíamos a Dios que le enseñara su amor y su perdón. Dimos gracias a Dios y le alabamos.

Cayó la tarde y la presencia del Espíritu Santo nos cubrió con su paz. La iglesia comenzó a llenarse de jóvenes y la charla con los adolescentes esa noche tuvo como tema principal: el perdón. Nos despedimos y volví junto con mi esposa a nuestra casa. Era lunes ... y no sería un lunes cualquiera para mí.

Luego de cenar y compartir cuestiones acerca del grupo, me fui a acostar. La radio transmitía un mensaje sobre el «Padrenuestro» y yo escuchaba atentamente: «Repita conmigo», decía el pastor, «Padre Nuestro ... que estás en los cielos». Y así fui repitiendo hasta que llegó a la frase: «Y

*perdona nuestras deudas, ASÍ COMO NOSOTROS PERDONA-
MOS A NUESTROS DEUDORES»*, y pasó lo que tenía que
pasar. Motivado por lo que me había dicho Pedro y sensibi-
lizado por su dificultad para perdonar, Dios me mostró en
mis ojos una viga que llevaba desde hacía dieciocho años.
Cuando repetí: «Así como nosotros perdonamos a nuestros
deudores», pasó por mi mente, cual una película, una escena
que había provocado una falta de perdón hacia mi madre.

Cuando tenía 12 años perdí a mi padre, quedando mi
madre viuda y con ocho hijos. Jamás pasó por su mente el
deseo de rehacer su vida. Es más, tampoco volvió a casarse.
Pero en aquellos días de mi adolescencia comenzó a frecuen-
tar mi casa un amigo de la familia, «casi un tío», quien se
quedaba hasta tarde con mi mamá. Mis hermanos les hacían
bromas, y a mí no me hacía gracia alguna. En mi corazón,
mi padre sería irremplazable. Aunque siempre decía que mi
madre debía rehacer su vida, aún no había aceptado la
muerte de mi padre. Aquella noche nos fuimos todos a
dormir, pero yo no podía conciliar el sueño. Necesitaba saber
de qué hablaban mi mamá y «mi tío», abajo en la cocina.
No pudiendo dormir y movido por la curiosidad teñida de
atrevimiento, bajé en puntillas, y estando la puerta cerrada,
espié por el ojo de la cerradura. Los vi besándose. Fue la
segunda puñalada en mi corazón. En mi retina quedó
grabada esa imagen acompañada de amargura, enojo y
falta de perdón. Nunca se lo conté a nadie. Siempre quedó
incrustado en lo más profundo de mi ser. Mi vida cambió a
partir de allí. La rebeldía se apoderó de mí. Siendo el mejor
del colegio pasé a ser el peor del barrio. Drogas, alcohol,
abandono.

Pero ese lunes, no sería un lunes cualquiera. El dolor de
Pedro, quien podía expresarlo y recibir ayuda, sacó a la luz
mi herida nunca atendida ... «y perdona nuestras deudas así
como nosotros perdonamos a nuestros deudores», lo repetía
mientras por mi mente pasaba aquel cuadro con el ojo de la
cerradura como marco. Y lloré, lloré ... y lloré. Cientos de kilos

eran quitados de mis espaldas. Estaba perdonando a mi madre
por algo que no me hizo, pero que yo no perdonaba. Las
lágrimas comenzaron a tornarse en gozo, en paz... en amor.

Mi esposa, al salir del baño y verme llorar, creyó que
estaba sensible por lo que le pasaba a Pedro. Ella no veía lo
que yo estaba viendo. Lo que durante casi veinte años no pude
o quise ver. Ministrando sanidad interior a Pedro, fui
ministrado directamente por Dios. Él colmó mi corazón con
su perdón. Me mostró la punta de un ovillo a desatar.

He aprendido mucho en este tiempo. Quien no perdona,
destruye el puente por donde Él mismo tiene que pasar.

Te he contado deliberadamente este testimonio para que
comprendas lo insistente que es el Espíritu Santo para revelar
aquellos puntos que se resisten a la labor del Alfarero. En este
caso encontramos un corazón sensible dispuesto a deponer toda
falta de perdón, pero en ocasiones la persona endurece su
postura produciendo su propia ruina.

Toda amargura es grave y dificulta la labor del Alfarero,
pero cuando el resentimiento se dirige hacia los líderes espirituales, el problema es aun más serio. A la falta de perdón
habitualmente se le suman los juicios y la rebeldía. Siempre
enseño a mis hermanos en la iglesia a no murmurar de nadie ni
levantar juicios apresurados. Especialmente sobre aquellos que
Dios levantó en su obra, que traten que su corazón esté libre de
toda rebeldía. La actitud de David con Saúl, que respetó la
investidura del rey aun cuando este estaba en decadencia, es muy
aleccionadora en estos casos. Dios no necesita de mi resentimiento para poner en orden a aquellos siervos suyos que no
caminan por la buena senda. Prefiero ocupar mi mente y mis
conversaciones en aquello que edifica mi corazón, antes que
hablar negativamente de otros. Creo que es un buen consejo
para ti. Cuida tu corazón, son muchos los que cayeron y
fracasaron en este punto.

Una hermana me relató su fracaso de esta manera:

Bajé los brazos y dejé de resistir dando lugar a mi carne y al enemigo. Habiendo quitado los ojos de Jesús, vi lo que me rodeaba y ante una situación en la que estaban involucrados Inés, su novio y otra joven de la iglesia, y que aún seguía sin resolverse, dije: «No es justo». Este juicio que hice fue hacia una persona que estaba en autoridad. Fueron solo tres palabras, pero estaban cargadas de amargura y fueron dirigidas hacia alguien que yo no tenía derecho a juzgar. Así fue como abrí una puerta por donde entraron ofensas, heridas, broncas y juicios a mi corazón, derrumbando mi vida espiritual.

Renuncié al servicio en la obra de Dios. En esas condiciones no podía ayudar a nadie y menos servir al Señor. Eso hizo que crecieran la tristeza y la culpa en mí, aunque seguía congregándome. Mi vida espiritual se debilitó trágicamente. Entré en una situación de pecado y rebeldía. El sentimiento de culpa golpeaba cada momento mi mente y mi alma, haciendo de mis días un tormento. Había recibido muchas bendiciones del Señor pero, pocos años después, me encontraba en el mismo estado que estaba antes de conocerle.

Sin embargo, Jesús nunca dejó apagar su amor en mí.

Sabía que yo sola era la responsable de haber llegado a esa situación. Si hubiese querido justificarme, me sobraban motivos, pero de nada sirve la autocompasión.

Era una dura batalla. Quería salir de ella, pero la amargura y la falta de perdón eran por momentos más fuertes que mis deseos. Empecé a poner en práctica los consejos que había recibido de un pastor y el Espíritu Santo comenzó a poner en mí convicción de pecado y un genuino arrepentimiento.

En diciembre de ese año (1995), un sábado antes de Navidad, fui con mi hija a un culto de la iglesia Rey de reyes. Recuerdo que esa noche el Pastor Claudio Freidzon predicó sobre «por qué Dios no contesta las oraciones» siendo el primer motivo el pecado y el segundo la falta de perdón. Sentí el poder de la Palabra viva de Dios, como espada de dos filos, que penetraba hasta lo más recóndito de mi alma.

Cuando terminó pidió que orasen unos por otros y se me acercó un matrimonio para orar con nosotras. Compartí los motivos de oración que deseaba que presentaran al Señor, el primero fue que pudiera perdonar a mis pastores y el segundo que el Señor restaurara mi hogar. Oraron y caímos las dos bajo la presencia del Espíritu Santo. Escuché que el Pastor decía: «El Señor me muestra que una relación que ha sido dañada, Él la está sanando y está poniendo el perdón». Y continuó: «El Señor restaura tu hogar». Fue una noche como diría el pastor Claudio: ¡¡Impresionante!!

Y realmente fue así. El proceso fue largo (duró un año), pero completo y Jesús puso perdón en mi corazón. En ese tiempo volví a trabajar en el ministerio de visitación, me reintegré al grupo de intercesión y a las reuniones de mujeres. Tengo la total certeza de que mi corazón los perdonó y los bendijo.

¡Qué importante es reconocer la razón de nuestro fracaso!

EL FIN DE TU FRACASO

El fin de tu fracaso se llama Espíritu Santo. El Alfarero está listo para retomar la tarea y completar la obra perfecta en todos aquellos que están dispuestos a entregarse por completo a Él, sin regatearle nada. Dile como la letra del viejo y hermoso himno:

Haz lo que quieras de mí, Señor;
Tú el Alfarero, yo el barro soy;
Dócil y humilde anhelo ser;
Cúmplase siempre en mí tu querer.

Haz lo que quieras de mi, Señor;
Mírame y prueba mi corazón;

Lávame y quita toda maldad
Para que tuyo sea en verdad.

Haz lo que quieras de mí, Señor;
Cura mis llagas y mi dolor;
Tuyo es, ¡oh Cristo! todo poder;
Tu mano extiende, sana mi ser.

Haz lo que quieras de mi, Señor;
Del Santo Espíritu dame la unción;
Dueño absoluto sé de mi ser;
Que el mundo a Cristo pueda en mi ver.

Cuando hagas esto, tal vez Dios te diga: «¿Y qué de ese punto en tu vida que ha estado resistiéndome?» Si eres capaz de responderle: «Es tuyo, Señor, te lo entrego definitivamente», entonces toda tu vida será restaurada y transformada de forma tal, que el sueño de Dios, el diseño del artista, se realizará en ti.

Por supuesto, el diablo intentará impedir tu consagración. Te dirá: «No hay que ser fanático. Si te rindes, te transformarás en un reprimido, en un amargado. Vas a perderlo todo». Obviamente esto es mentira. Imagínate que tienes un hijo desobediente y un día el muchacho viene y te dice: «Desde hoy voy a obedecerte en todo, voy a hacer lo que me pidas». ¿Acaso pensarás: «ahora, como puedo hacer mi voluntad con él, voy a tratar de mortificarlo, de hacerlo sufrir. Lo voy a reprimir, lo voy a obligar a que haga todo lo que detesta y lo transformaré en un infeliz»? Estoy seguro que no. Yo le diría a mi esposa: «¡Betty, nuestro hijo quiere obedecernos en todo! ¿Qué cosas son buenas y lo hacen feliz, para estimularlo a hacerlas? ¿Hay algo que le está dañando? Es preciso que lo abandone, pero lo guiaremos de forma tal que no le resulte excesivamente doloroso». Y mi esposa me dirá: «Sí, Claudio, haremos todo lo necesario para que su vida sea muy hermosa». ¿Verdad que tú harías lo mismo? Y si nosotros siendo malos sabemos hacer bien a nuestros hijos, ¿cuánto más no hará nuestro Padre celestial?

La clave es ser obedientes. Ser como la ceniza, que es lo único que queda después de un incendio. La ceniza va en la dirección del viento, es obediente. Así tenemos que ser nosotros. El fuego de Dios nos tiene que consumir espiritualmente, hasta hacernos solamente cenizas. Hasta que no haya más resistencia a su voluntad. Hasta que lleguemos al punto de decirle: «Señor, soy solamente cenizas. Sopla con tu Espíritu, que yo iré a donde tú quieras que vaya».

El secreto para una vida cristiana victoriosa es muy simple. La vida cristiana es un dejarse llevar por Dios. Se trata de un dejarse dominar, controlar, gobernar por el Espíritu Santo del Señor. Es experimentar un cambio. Ya no te diriges más a ti mismo, sino que te dejas llevar por el Señor, como Él quiera, cuando Él quiera, a donde Él quiera, para lo que Él quiera.

Charles Finney, uno de los hombres más utilizados por Dios en la historia de los avivamientos, decía: «Un avivamiento es nada menos que un nuevo comienzo con Dios ... de quebrantamiento de corazón, de postrarse ante Dios con profunda humildad, y de abandono del pecado». Esto es verdad, no solo en el plano colectivo, de la vida de una iglesia, una ciudad o una nación. Es también cierto en la vida personal. Para que haya una renovación, una restauración en tu vida, debes comenzar de nuevo con Dios, quebrantarte de corazón y postrarte delante de su presencia con total humildad, deponiendo todo orgullo y resistencia, y abandonando toda práctica de pecado.

No habrá restauración espiritual en tu vida, si primero no permites que Dios intervenga en tu vida tomando control absoluto de ella. Él quiere obrar soberanamente en tu vida, Él desea quitar de tus manos el control y comenzar a hacer su voluntad en ti, poder concretar finalmente su diseño perfecto en tu vida.

Arthur Wallis dice que un avivamiento es la intervención divina en el curso normal de las cosas espirituales. Es Dios revelándose al hombre en solemne santidad e irresistible poder. Es una intervención tan manifiesta de Dios, que las personalidades humanas quedan a la sombra, y los programas humanos

son abandonados. Es el hombre retirándose al fondo de la escena, porque Dios ha entrado para actuar en el escenario. Es el Señor desnudando su brazo y operando con extraordinario poder sobre santos y pecadores.
En cierta ocasión, N. Grubb, dijo lo siguiente:

El avivamiento es obedecer al Espíritu Santo y nada más. Cuando Él nos indica que debemos humillarnos y quebrantar nuestro duro corazón, que andemos en la luz, confesando nuestros pecados y yendo a la preciosa sangre de Cristo para ser completamente limpios y le obedecemos, entonces encontramos que en ese mismo momento el Espíritu está libre para traer el avivamiento a nuestra propia vida y a nuestra comunidad. El avivamiento es poner en práctica lo que sabemos en teoría, que hay poder infinito en Dios y que está a nuestro alcance cuando nos vaciamos de nosotros mismos y permitimos que el Espíritu Santo tenga el dominio de todo nuestro ser. El Espíritu Santo, por ser santo, nos señalará nuestro pecado, aun el más oculto, y magnificará el sacrificio que comienza siempre quebrantando al creyente, es una experiencia de gozo indescriptible, de amor sublime experimentado en plenitud.

Todos nosotros queremos avivamiento. Una restauración personal, una renovación de la iglesia, una conversión masiva de personas que no creen en Cristo. Todos queremos avivamiento. Pero, ¿estamos todos dispuestos a pagar el precio que el avivamiento implica? ¿Estamos dispuestos a dejar de resistir y rendirnos en las manos del Alfarero, para que Él haga lo que quiere hacer con nosotros?

Cuando un ejército está siendo derrotado, su comandante tiene que tomar una decisión crucial: resistir o rendirse. Al tomar conciencia de que estamos fracasando, Dios nos pone frente a la misma decisión: rendirse o resistir. La diferencia es que en los designios sabios de Dios, rendirse equivale a la victoria, mientras que resistir inexorablemente conduce a la derrota. Deja ya de resistir y ríndete al Señor. El Alfarero te muestra sus manos traspasadas por los clavos de la cruz y te dice: «Deja que las ponga sobre ti para hacerte de nuevo».

Oración

Quiero guiarte en una oración que cambiará tu vida. A medida que la vayas leyendo, repítela en alta voz. No la digas como si fueran palabras mágicas o sin meditar en su significado. Nada de eso sirve. Repítelas como si nacieran de ti. Dilas desde lo profundo de tu corazón. Ora con la mayor sinceridad. No te limites a estas líneas que yo te sugiero, deja que el Espíritu ore por ti con gemidos indecibles. Permite que Él guíe tu oración y descubra tu corazón ante el trono de gracia del Señor. Comienza diciéndole al Señor así:

Padre Celestial, te amo.

Vengo delante de ti, arrepentido. Me arrepiento por cada uno de mis pecados.

Me arrepiento por no haberte dejado gobernar mi vida.

Me arrepiento por haberte presentado resistencia.

Me arrepiento por haberme endurecido en tus manos, y haber impedido que tus manos sabias me moldearan conforme a tu voluntad.

Me arrepiento sinceramente. Te pido perdón, amado Señor.

Te entrego el control de mi vida, me rindo por completo a ti.

Divino Alfarero, moldéame como tú desees.

Haz lo que quieras conmigo, Señor.

Ahora deja que el Espíritu Santo siga guiando tu oración. No te apures a salir de su presencia. Mantente delante de Él. Cuando tus palabras hayan cesado quédate en silencio, esperando oír algo de Dios. Él quiere hablarte y hacer algo contigo. Porque ahora estás nuevamente en las manos del Alfarero.

11

Una vasija santa

Ya los vasos de los jóvenes eran santos, aunque el viaje
es profano; ¿cuánto más no serán santos hoy sus vasos?
1 Samuel 21.5

David llega a Nob escapando de la persecución de Saúl. En
aquel lugar se encuentra con el sacerdote Ahimelec, y le
pide comida para él y sus hombres. El sacerdote, sorprendido
por su visita, le indica que solo tiene los panes de la propiciación,
pero que estaba dispuesto a dárselos si estaban purificados.
David le responde que sus jóvenes ya estaban santificados
aunque el viaje que habían hecho no era una campaña militar.

Había una disposición en la Ley, que cualquiera que estuviese impuro no podía salir a combatir. Deuteronomio 23.9
dice: «Cuando salieres a campaña contra tus enemigos, te
guardarás de toda cosa mala». La victoria en la batalla dependía
directamente del estado de purificación y santidad del pueblo.

La santificación es un imperativo permanente y universal
para el pueblo de Dios. No es algo coyuntural o una moda. En

todo tiempo el desafío para la Iglesia de Cristo ha sido a la santidad, pero, ¡cuánto más en estos tiempos finales! Estamos entrando en el último avivamiento de la historia, en el tiempo de la confrontación final contra las fuerzas del mal. No podemos ser usados por Dios si no estamos santificados. Será indispensable que seamos vasos santos para que el enemigo no pueda soportar el embate de la Iglesia.

John Wesley, ese gran hombre usado por Dios en los grandes avivamientos, dijo en una ocasión: «¿Qué es lo que estorba a la obra? Yo considero que la primera y principal causa somos nosotros. Si fuéramos santos de corazón y de vida, totalmente consagrados a Dios, ¿no arderíamos todos los predicadores y propagaríamos este fuego por todo el país?».

El profeta Isaías antes de oír la voz del Señor llamándole a la necesidad del pueblo, fue confrontado con su propio pecado. Vio al Señor en gloria, pero no adoptó una actitud liviana o de poco compromiso, sino de quebrantamiento y confesión. Porque el pecado es un tremendo obstáculo para que el poder de Dios se manifieste y podamos vencer a las fuerzas del maligno.

Pero no solo debemos estar santificados para combatir a las fuerzas del mal, sino que debemos combatir a las fuerzas del mal para ser santos. No es solo un juego de palabras. Quiero compartirte una historia en Josué 9.3-15, que te va a ayudar a entender cómo debemos estar en guardia en el combate de la santidad.

Al analizar la campaña de Israel, podemos ver que Josué planeó cuidadosamente la conquista de Canaán. El comenzó introduciendo una cuña desde Jericó hacia el oeste, hacia el centro de la tierra, con el propósito de dividir así la oposición enemiga. Luego giró hacia el sur para destruir al enemigo en esa dirección, terminando más tarde con la oposición del norte. Fue una campaña planeada eficazmente.

Creo que un problema que tenemos los creyentes es que leemos estos pasajes simplemente como relatos de la historia de Israel. Con frecuencia no aplicamos la estrategia divina a la vida diaria, y el secreto para ganar una guerra descansa en la estrategia. Si vivimos sin tener en cuenta quién es nuestro enemigo, si no reconocemos que estamos en guerra y la estrategia que debemos usar, vamos a errar inexorablemente el blanco. Debemos estar alertas a las maquinaciones de Satanás que además de ser nuestro enemigo, es también un maestro estratega. El diablo no solo es el león rugiente (véase 1 Pedro 5.8), es también la serpiente astuta (véase 2 Corintios 11.3), y a veces estamos preparados para enfrentar a alguien que se presente como león rugiente, pero no para enfrentarnos con la serpiente que sutilmente, sin que nos demos cuenta, se acerca con engaño.

Este pasaje de Josué nos puede servir como una ilustración de la sutileza del enemigo y de nuestra ingenuidad para dejarnos engañar. Pero también demuestra la soberanía de Dios que, aun a pesar de nuestros errores, hace que todo resulte para su gloria. Observemos que después de las victorias de los israelitas los enemigos se prepararon para un ataque a gran escala:

> *«Cuando oyeron estas cosas todos los reyes que estaban a este lado del Jordán, así en las montañas como en los llanos, y en toda la costa del Mar Grande delante del Líbano, los heteos, amorreos, cananeos, ferezeos, heveos y jebuseos se concertaron para pelear contra Josué e Israel».*
>
> Josué 9.1,2

Quiero que sepas que cada victoria que el creyente gane en su vida personal es una invitación al enemigo para un ataque en gran escala. Cada vez que un verdadero hijo de Dios tenga una experiencia de bendición puede esperar un nuevo ataque de Satanás. Nuestras bendiciones y batallas van juntas. Si estás asechado en todos los frentes, y te encuentras en el centro de la pelea ¡alabado sea Dios! Si la tentación es casi más fuerte de lo que puedes soportar, yo me alegro mucho. Si te agobian las tentaciones por todos lados, es porque estás avanzando en la voluntad de Dios.

Si por el contrario, tu experiencia es que hace años que no eres fuertemente atacado por Satanás, entonces es hora de que te inclines ante Dios para que Él te muestre qué es lo que anda mal en ti. Tu vida quizás está tan estancada que al diablo ni siquiera le interesa molestarte.

Al leer este capítulo comprenderás mejor como el diablo ataca nuestra vida para que no vivamos en santidad.

LA ESTRATEGIA DEL ENEMIGO ES QUE HAGAMOS ALIANZA CON ÉL

En vez de atacar en gran escala a Israel, los habitantes de Gabaón prefirieron engañar a los israelitas para que hicieran alianza con ellos. Los gabaonitas llegaron a Gilgal haciéndoles creer que habían venido desde muy lejos. Mintieron diciendo que venían de un lugar sobre el cual Josué no tenía autoridad. Llegaron con zapatos viejos, ropa andrajosa y sucia, y odres rotos y viejos. Y el elemento más importante de la estrategia fue que aseguraron que tenían un profundo respeto y honraban y creían en el Dios de los israelitas.

Esto es bien típico de la metodología del diablo. Él sabe bien que un cristiano verdaderamente consagrado, no cederá frente a un ataque frontal. Él sabe que un hijo de Dios que busca caminar con Dios y que está sobre el terreno de bendición, está siempre alerta y no caerá en un ataque abierto. ¿Qué es, entonces, lo que hace Satanás? Habla de posibles alianzas: «Haced, pues, ahora alianza con nosotros» (Josué 9.6).

Como es obvio, en todo pacto, cada parte cede y asume condiciones que le pone el otro. En este caso, no son grandes cosas, sino que parecen ser de poca importancia comparadas con nuestra devoción al Señor. Nos desafía en cuanto a nuestra necesidad de completa consagración a Dios diciéndonos: «Bueno no te lo tomes tan en serio. No seas tan cerrado, no te entusiasmes tanto. No hay que ser fanático».

Insinúa, que ciertas áreas de nuestra vida no están bajo la autoridad de Jesús.

Es importante que tengas en cuenta que el diablo siempre va a decir que cree en Dios. La Biblia afirma que los «demonios creen, y tiemblan» (Santiago 2.19).

¿En qué consisten sus condiciones en la alianza? Él nos sugiere que seamos prácticos en asuntos de dinero. Él nos dice que en la ética comercial no es necesario que obedezcas a Dios, que tienes que ser pragmático. Nos dice que en cuestión de amor, lo que cuenta son nuestros sentimientos y nuestros gustos. No importa si ella es creyente o no, o si el muchacho es creyente o no. Lo importante es que te guste y sientas algo por esa persona.

¿Te das cuenta? Si eres verdaderamente un cristiano, el diablo no vendrá a atacarte frontalmente. Él intentará hacer alianzas contigo. Tratará, si tienes un negocio o una empresa, que no esté bajo el dominio absoluto de Dios, sino que hagas alianza con él. Por todos los medios tratará de impedir que los jóvenes que están por formar pareja permitan que Jesucristo sea el Señor de sus vidas afectivas, sino que prentenderá que hagan alianzas con él. Entonces les susurrará al oído: «Adelante, háganse novios que luego tú lograrás que se convierta». Y todavía afirmará sus sugerencias con versículos bíblicos: «Serás salvo tú y tu casa». Siempre en sus ataques usa medias verdades. Es cierto que hay posibilidades de que se convierta, pero no nos dice que eso ocurre con la gran mayoría, y que la promesa, como todas las promesas bíblicas, es condicional y se aplica solo a los que hacen la voluntad de Dios.

En la Iglesia actúa de la misma manera. Nos sugiere que hemos de ser prácticos, que la Biblia no hay que tomarla tan en serio, que lo que cuenta es el sentido común. Pero la Biblia afirma: «No creáis a todo espíritu, sino probad los espíritus si son de Dios» (1 Juan 4.1).

Tenemos que estar alertas a la estrategia de Satanás. Él quiere hacer alianzas en nuestra vida de forma tal que nuestra santidad no sea completa.

LA ESTRATEGIA DEL ENEMIGO SE BASA EN NUESTRA INSENSATEZ

El diablo nos tienta, pero si caemos los responsables somos nosotros. No podemos escudarnos diciendo: «Y... pastor, Satanás me tentó, es tan astuto». Nosotros somos responsables. El siguiente versículo es muy importante: «Y los hombres de Israel tomaron de las provisiones de ellos, *y no consultaron a Jehová*» (Josué 9.14, énfasis añadido).

Cuánto nos cuesta terminar de aprender la lección de que el descuidar la lectura bíblica y la oración conduce a dificultades y destruye el espíritu de discernimiento. La voz del asalariado se parece mucho a la voz del Pastor. Satanás se disfraza como ángel de luz para confundirnos, engañarnos y apartarnos de la auténtica consagración en santidad a Dios.

Lamentablemente son muchos los creyentes que han descubierto con el correr del tiempo que las cosas que no parecían tener importancia han arruinado su vida. Como dice la Biblia: «Cazadnos las zorras, las zorras pequeñas, que echan a perder las viñas» (Cantares 2.15). No son las grandes cosas las que echan a perder nuestra relación con Dios, son las zorras pequeñas las que echan a perder las viñas. Las que nos parecen sin importancia son las que nos contaminan e impiden que vivamos en santidad.

Aquello que nos parece insignificante es una pequeña puerta para que Satanás penetre. Cuando la dejamos abierta, él se introduce con sus palabras persuasivas y entonces caemos. ¡Muchos viven vidas de fracaso porque no fueron capaces de consultar al Señor! ¡Muchos cristianos hacen alianzas con inconversos en sus negocios y terminan arruinados! ¡Muchos cristianos hacen alianzas con inconversos en su matrimonio y luego se pasan la vida sufriendo porque no pueden encarnar en su vida el ideal cristiano, porque no pueden compartir con su pareja lo que más aman, porque viven orando y gimiendo por ver si alguna vez se convierte, porque vivieron cuarenta años con una persona que no les ayudó a adorar y servir mejor a Dios!

En primer lugar, debemos consultar al Señor recurriendo a su Palabra. La Biblia no está para ser admirada, aprendida de memoria, o para decir cuán sabia es. La Biblia es la voz de Dios y hay que obedecerla. Y cuando no tenemos una respuesta explícita en la Biblia acerca de la situación que tenemos que decidir, la consulta a Dios se hace por medio de la oración. Leer la Biblia y orar tienen que ir juntas para poder oír la voz de Dios. Es por eso que ponemos tanto énfasis en la lectura de la Biblia y en la oración. Insistimos en esto porque un cristiano que no lee asiduamente su Biblia y no ora, escucha la voz del diablo o la de su propio corazón. Tampoco debemos despreciar la palabra de consejo que recibamos de nuestros hermanos en el Señor.

Muchos creyentes en todas partes del mundo, me preguntan: «Pastor Claudio, ¿qué tengo que hacer frente a una decisión en mi vida?» Mi respuesta es: «No confiar en nuestro propio razonamiento». Cuando el sentido común indica que cierto camino es bueno, antes de todo consultemos a Dios, porque puede ser verdad que esa sea la mejor decisión, pero también puede ser que el camino de bendición esté del lado completamente opuesto a nuestro sentido común.

Cuando en 1985 Dios me habló a través de una visión y me indicó dejar atrás mi ministerio en el barrio de Parque Chás, y comenzar una nueva iglesia en el aristocrático barrio de Belgrano en la ciudad de Buenos Aires, su voluntad para mi vida no parecía tener ninguna lógica humana. Después de tantos años de sembrar en tierra seca, finalmente la pequeña iglesia en Parque Chás estaba colmada de gente y con un hermoso mover del Espíritu Santo. ¿Y ahora Dios nos pedía que nos mudáramos? No tenía sentido. Ni siquiera mis seres más queridos lo podían comprender. Pero Dios me había hablado muy claramente. Aquella madrugada, Dios me despertó repentinamente y me mostró una visión en la pared. Vi una plaza en el barrio de Belgrano, llamada plaza Noruega. En la visión la plaza estaba repleta de personas celebrando una campaña evangelística, y el Señor me decía: «Este es tu nuevo campo de trabajo». Era para mí una situación difícil y desafiante. Nadie, excepto yo, lo había recibido, pero decidí ser fiel a mis convicciones. Aquella campaña evangelística fue un éxito, cientos de personas se salvaron y sus testimonios estaban acompañados de señales y milagros como nunca antes había experimentado en mi ministerio. Así nació la iglesia Rey de Reyes de Belgrano, que hoy cuenta con más de seis mil miembros y lleva adelante un ministerio de avivamiento y evangelización a todas las naciones del mundo a través de su pastor. ¡Verdaderamente la voluntad de Dios es agradable y perfecta! Pero debemos buscarla siempre sobre nuestras rodillas y no solo con nuestra mente o criterio humanos.

Es muy importante discernir la voz del Señor. Cuando escuchamos voces que nos dicen que debemos actuar inmediatamente, primero consultemos al Señor. Y si aún así tenemos duda, tengamos el valor de quedarnos quietos. Si se nos pide que actuemos y no hemos orado, no actuemos. Hasta que no hayamos sentido la paz de Dios que nos confirma lo que debemos hacer, no hagamos nada.

Como una vez escuché, seamos lo suficientemente valientes y audaces para quedarnos quietos y esperar en Dios, porque ninguno que espera en Jehová será avergonzado (véase Salmo 25.3).

LA ESTRATEGIA DEL ENEMIGO ES HACERNOS CREER QUE ESTAMOS DEFINITIVAMENTE VENCIDOS

Si al leer este capítulo reconoces que te has equivocado y que has hecho alianza en tu comercio, o en tu matrimonio, y estás sufriendo por esto pensando que ya es demasiado tarde, que no hay solución, quiero decirte que se trata de una mentira de Satanás. Esto forma parte de su estrategia: hacer que el creyente se equivoque y luego susurrarle : «Ya es tarde, te tengo vencido».

Observa lo que dice el versiculo 21 del capítulo 9 de Josué: «Dijeron, pues, de ellos los príncipes: Dejadlos vivir; y fueron

constituidos leñadores y aguadores para toda la congregación».
Me parece que esto es maravilloso. Podemos perder batallas.
¿Acaso habrá alguno que no las pierde? Podemos equivocarnos.
Nuestra vasija pudo haberse rajado. Pero la última palabra
siempre la tiene Dios. ¡Aleluya!

Los gabaonitas tuvieron que cortar leña y sacar agua para
el pueblo de Dios. Tuvieron que cortar leña para el fuego del
altar y sacar agua para usar en el ritual del templo. Aquellos que
habían engañado, fueron humillados de tal manera que hicieron
arder el fuego del altar y fueron el medio para purificar la
adoración a Dios.

Si es posible, quiebra hoy mismo cualquier convenio o
alianza hechos en desobediencia a Dios.

Como es obvio, cuando un creyente ha contraído matrimonio u obligaciones comerciales con un gabaonita, por las que
debe responder, no puede romper esa alianza. Entonces, ¿qué
hacer? La Palabra dice: «Si algún hermano tiene mujer infiel y
ella consiente en habitar con él, no la abandone ¿o de dónde
sabes oh marido, si quizás harás salva a tu mujer?» Es decir, la
Biblia enseña que no nos podemos desligar del compromiso.
Pero también enseña que si venimos en humildad reconociendo
que hemos desobedecido, que hemos pecado, Él hará que el
gabaonita sea el medio por el cual te acercarás a Dios en oración.
Aquello que ha sido un pecado en nuestra vida, cuando es
confesado sinceramente, Dios lo usa como un medio para
fortalecer nuestra vida de oración y profundizar nuestra devoción. Si esta es tu situación, puedes orar así:

*Señor, lamento haberme equivocado y haberte desobe-
decido, pero creo que tú puedes restaurar los años que comió
la oruga. Rehuso permitir que Satanás me arrastre y me
mantenga esclavizado. Quiero que mi socio, mi esposo, mi
esposa, sea el medio para que yo me acerque más en oración
a ti. Olvido lo que queda atrás y me esforzaré por hacer tu
voluntad en lo que resta por delante.*

Dios quiera que puedas descubrir, como lo han hecho muchos cristianos, que las cosas que han hecho mal pueden ser ahora lo que los lleve a la cruz de Cristo diariamente para asirse de sus beneficios. Dios puede hacer que el pecado que nos tenía atado se convierta en un medio para acercarnos más a Él.

Nuestra lucha por la santidad, no es contra sangre o carne, sino contra Satanás. Reconozcamos a nuestro enemigo, advirtamos que estamos en batalla y consideremos sus estrategias. Venzámoslo en el poder del Espíritu, con una vida consagrada plenamente a Dios. Seamos vasos santos en las manos del Alfarero. Entonces no solo nos mantendremos en santidad, sino que iremos a la batalla en condiciones de vencer al enemigo y para que el mundo conozca al Señor.

12

Una vasija restaurada

*¿Y qué, si Dios, queriendo mostrar su ira y hacer notorio
su poder, soportó con mucha paciencia los vasos de ira preparados para destrucción?*

Romanos 9.22

La restauración no es algo que ocurre de manera instantánea,
sino que el Alfarero somete nuestras vidas a un proceso de
moldeo.

Cuando aceptamos nuestra necesidad de ser restaurados y
nos ponemos en sus manos, Dios toma en serio nuestra intención y comienza a moldearnos. Si nuestra entrega es absoluta,
el resultado no se limitará a reconstruir un solo aspecto de
nuestra vida, sino que toda nuestra existencia será restaurada.

Deseo que puedas comprender este proceso y para ello te
relataré un caso particular que aparece en la Biblia. En 2 Crónicas capítulo 33, se nos cuenta la historia de Manasés. Elegí la
historia de este rey de Judá porque se trata de una de las peores

vidas que pudiéramos tomar como ejemplo. Nos habla de alguien que cayó muy bajo a causa de su pecado. Y quiero que veas que no importa cuán bajo uno haya caído, si estamos dispuestos a ponernos en las manos del Alfarero. Él nos toma tal como estamos y nos restaura. Si lo hizo con Manasés, ¿cómo no lo hará con nosotros?

Manasés comenzó a reinar siendo un adolescente de doce años, y estuvo en el poder durante 55 años. El cronista divide su reinado en dos partes. En la primera, Manasés fue un compendio de pecados y maldades. El escritor bíblico sintetiza contundentemente este período diciendo: «*Pero hizo lo malo ante los ojos de Jehová, conforme a las abominaciones de las naciones que Jehová había echado de delante de los hijos de Israel*» (v. 2). Para el pueblo su conducta fue de un contraste muy notorio, ya que Manasés sucedió en el trono a su padre Ezequías. Después de David, Ezequías fue el más piadoso de todos los reyes de Judá. Y Manasés, su hijo, llegó a ser el más impío de todos los reyes.

LA CAÍDA DE MANASÉS

La descripción de su reinado es muy dura. Dice la Palabra de Dios que se entregó a todas las abominaciones que habían cometido los cananeos. Su reinado representa la expresión del más vergonzoso paganismo: «*Porque él reedificó los lugares altos que Ezequías su padre había derribado, y levantó altares a los baales, e hizo imágenes de Asera y adoró a todo el ejército de los cielos y les rindió culto*» (v. 3). Su padre Ezequías había derribado los lugares altos (2 Reyes 18.4) pero Manasés los reconstruyó y aun levantó altares a los baales y a Asera. Rindió culto y adoración a todo el ejército de los cielos, introduciendo de esta manera en Judá todo el panteón asirio: el ejército del cielo, es decir, el sol, la luna y la diosa Istar, y los demás miembros de la religión astral acádica.

Como si todo esto fuera poco, Manasés «*pasó sus hijos por fuego en el valle del hijo de Hinom; y observaba los tiempos, miraba en agüeros, era dado a las adivinaciones, y consultaba a adivinos y encantadores*» (v. 6). No solo edificó altares en la casa de Jehová sino que inmoló a sus propios hijos. Los hizo pasar por fuego conforme a un rito pagano típico de los pueblos cananeos, que consistía en matar a los hijos y quemarlos en holocausto a la divinidad Moloc.

Cultivó la nefelomancia que consistía en la observación de las nubes y de los distintos caracteres que adquieren las nubes con el propósito de adivinar y predecir. Esta práctica, por supuesto estaba prohibida por Dios. Equivalía a ejercitar la astrología y la adivinación condenadas en Deuteronomio 18.9-14 y Levítico 19.26-31. Practicó igualmente la nigromancia o evocación de los muertos, prohibida severamente por Dios en Deuteronomio 18.11. Y también practicó la magia en todas sus formas.

El dictamen de Dios para Manasés, fue que superó todos los límites de maldad: «*Se excedió en hacer lo malo ante los ojos de Jehová hasta encender su ira*» (v. 6). Además de esto puso en el templo una imagen fundida que hizo. Se trataba de una estatua fundida de Asera con su cortejo, representación de la prostitución religiosa, femenina y masculina (véase 2 Reyes 23.7). Y no solo Manasés llevó al extremo su maldad, sino que «*hizo extraviarse a Judá y a los moradores de Jerusalén, para hacer más mal que las naciones que Jehová destruyó delante de los hijos de Israel*» (v. 9). Tal grado de paganismo y demonización provocó la reacción de los sacerdotes y de los profetas que anunciaron el castigo sobre Jerusalén. Pero en lugar de oír la exhortación profética, Manasés ahogó en sangre esas protestas (2 Reyes 21.16). La tradición cuenta que entre las víctimas inocentes de su furor diabólico estuvo Isaías, quien habría muerto aserrado por orden del rey (Hebreos 11.37).

La maldad y la desobediencia explícita de Manasés contra Dios, hizo que su paciencia alcanzara su punto final y sometiera al monarca y a su pueblo a juicio: «*Por lo cual Jehová trajo contra ellos los generales del ejército del rey de los asirios, los cuales aprisionaron con grillos a Manasés, y atado en cadenas lo llevaron a Babilonia*» (v. 11).

Ciertamente estamos frente a un rey malvado, el más impío de la historia de Judá, controlado por las fuerzas del mal, capaz de cometer todo tipo de idolatría, ocultismo, satanismo, asesinatos, incluyendo la muerte ritual de sus propios hijos y arrastrando juntamente con él a todo el pueblo. ¿Tendría este hombre malvado, capaz de encender la ira de Dios, una oportunidad para ser restaurado? ¿Podría este rey engrillado y atado por los asirios, y por el mismo Satanás, ser liberado y restituido?

LA RESTAURACIÓN DE MANASÉS

Manasés terminó cautivo en Babilonia, engrillado y atado con cadenas. Así terminan todos aquellos que desobedecen a Dios y someten sus vidas al control diabólico. Pero aquí es donde nos sorprende el milagro de la restauración divina, su incomprensible amor y misericordia. Porque en el peor momento de la vida de un hombre, aun cuando se encuentra hundido en el lodo más cenagoso, Dios extiende su mano y le brinda una nueva oportunidad. El Alfarero toma el barro y lo pone nuevamente sobre la rueda dispuesto a restaurarlo.

Pero hay ciertos pasos que debemos considerar en este proceso de restauración.

Restauración del oír la voz de Dios

El primer paso en este proceso de reconstrucción, es la *restauración del oír la voz de Dios*. El versículo 10 nos habla no solo de la paciencia y misericordia de Dios, dando siempre nuevas oportunidades, sino que principalmente nos señala la causa de la bancarrota de Manasés y su pueblo: «*Y habló Jehová a Manasés y a su pueblo, mas ellos no escucharon*». Lo primero que Dios debe restaurar en nuestras vidas es la capacidad de oír su voz. Manasés conocía de Dios, pero no quería oír lo que Dios le decía. Había sido educado por su padre Ezequías en los caminos de Jehová, pero Manasés no quiso oír de Dios. Hubo un momento en la vida de este rey en que se apartó de la instrucción recibida y comenzó a andar su propio camino.

Es muy importante que descubras cuál fue el momento en el cual te apartaste de la dirección de Dios. Esa circunstancia en la que dejaste de oír la voz de Dios y seguiste la tuya propia. En 2 Reyes, capítulo 6 se nos cuenta una historia muy particular en el ministerio del profeta Eliseo. Los hijos de los profetas fueron con Eliseo a cortar madera para construir un lugar donde morar, porque el lugar donde habitaban ya era pequeño para todos. Y mientras uno de ellos derribaba un árbol, se le cayó el hacha en el río Jordán. Desesperado, este hombre se lamentó fuertemente por la pérdida porque el hacha que se hundió en las aguas era prestada. Eliseo solícitamente cortó un palo y lo echó al agua, y de pronto, milagrosamente, el hierro flotó y la herramienta fue recuperada. Pero previamente al milagro, Eliseo hizo a estos varones una pregunta clave. Su pregunta fue: «*¿Dónde cayó?*».

No tiró el palo en cualquier lugar del río. Era fundamental para que se operara el milagro de la recuperación, saber en qué lugar exacto había caído el hacha.

La misma pregunta te hago yo: ¿Dónde caíste? En otras palabras: ¿Qué fue lo que te apartó de Dios? ¿En qué momento o circunstancia de tu vida dejaste de oír y obedecer a la voz de Dios? Es esencial que vuelvas a ese lugar, a ese momento de tu vida, para que Dios pueda producir el milagro de la restauración. No importa que las aguas del río hayan corrido permanentemente. No importa que digas: «Eso fue hace mucho tiempo». No importa que el peso del hacha haga que esta permanezca hundida. No pienses tampoco: «Es imposible volver a lo de antes, estoy muy hundido». Dios hizo el milagro de la recuperación del hacha y Dios hará el milagro de la restauración de tu vida. Vuelve al lugar de la caída, y comienza otra vez a oír la voz de Dios.

Restauración de la oración

El segundo paso del proceso de reconstrucción es la *restauración de la oración*. Manasés finalmente dejó a un lado su autosuficiencia y oró a Dios: «*Mas luego que fue puesto en angustias, oró a Jehová su Dios, humillado grandemente en la presencia del Dios de sus padres»* (v. 12). Es cierto que Manasés necesitó que el Alfarero lo pusiera en la rueda, y lo hiciera pasar por angustias. Su corazón endurecido y resistente a la acción de Dios hizo que fuera preciso que tuviera que pasar por tiempos muy duros de cautiverio, para que se volviera de su orgullo y recurriera a Dios. Pero también es cierto que finalmente se humilló delante de Él. Hay personas que no dejan su autosuficiencia ni aun cuando están llenos de angustia. Saben que necesitan de Dios, y que esa es la única salida para sus vidas, pero siguen tratando de ser autónomos, autosuficientes: «No voy a volver a Dios ahora, porque estoy en angustias, en cautiverio. Primero me tengo que poner bien y entonces voy a volver a Dios, por amor y no por interés». En el fondo, lo que quieren es salvarse solos, sin necesidad de que Dios intervenga, y presentarse luego delante del Señor con méritos propios. ¡Qué necedad y qué orgullo!

Pero Manasés cuando estuvo en medio del cautiverio, engrillado, encadenado por el enemigo, lleno de angustia en su corazón, dejó a un lado el orgullo, se volvió a Dios y oró. Ahora, quiero que entiendas que el que oró fue el rey más impío de la historia de Judá. El que más pecó. El que se involucró más que ningún otro en cultos satánicos y ocultismo. El que llegó a matar a sus propios hijos en ritos diabólicos. El que no solo pecó, sino que hizo que todo el pueblo se extraviara detrás de su maldad. Aquel que oró fue el que encendió la ira de Dios como ningún otro en su tiempo. Sin embargo, observa cuál fue el resultado de su oración: *«Y habiendo orado a él, fue atendido; pues Dios oyó su oración y lo restauró a Jerusalén, a su reino. Entonces reconoció Manasés que Jehová era Dios»* (v. 13). No importa cuál sea tu situación delante de Dios. Si te humillas verdaderamente ante su presencia, su gracia y misericordia restaurarán tu vida. Fue necesario que Manasés se humillara. No es suficiente con reconocer que uno está mal y pedir a Dios que lo libere, que lo bendiga, que lo sane. Junto con el reconocimiento y la petición es preciso la disposición a cambiar. Cuando has hecho eso, entonces Dios, en lugar de mirar hacia atrás, mira hacia adelante. No mira tu pecado, sino que mira lo que Él hará con tu vida. No mira las rajaduras en tu vasija, sino que se concentra en la pieza maravillosa que antes de la fundación del mundo Él pensó que haría de ti. Manasés fue restaurado a Jerusalén y a su reino. Es decir, no solo fue libre de la cautividad en Babilonia, sino que fue nuevamente rey. Esto es lo que Dios hace con nuestras vidas. No solamente nos libra de lo malo, sino que nos restaura a nuestra posición de reyes. Cuando nos volvemos a Dios, como el hijo pródigo, Dios nos coloca vestidos nuevos y un anillo de autoridad en nuestra mano (Lucas 15.22).

Restauración del muro

Pero el proceso de rehabilitación de Manasés, no terminó con la acción de restauración divina. Después de ser restaurado por Dios, Manasés tuvo que restaurar por sí mismo varias cosas. Esto es muy importante que lo entiendas. Muchos creyentes que son restaurados por Dios creen que el proceso terminó allí y el resultado es que al poco tiempo están igual o peor que antes. Dios los restauró pero ellos no se restauraron. Es vital que comprendas que cuando la acción de restauración de Dios sobre tu vida haya terminado, comienza tu acción de restauración.

Y entonces viene el tercer paso. La *restauración del muro*. Esto es algo que tú tienes que hacer. Esto es algo que Manasés hizo. Dios lo restauró a él, pero él restauró el muro: «*Después de esto edificó el muro exterior de la ciudad de David, al occidente de Gihón, en el valle, a la entrada de la puerta del Pescado, y amuralló Ofel, y elevó el muro muy alto; y puso capitanes de ejército en todas las ciudades fortificadas de Judá*» (v. 14). Una vez que Dios efectúa la restauración en nuestras vidas, es indispensable levantar una muralla espiritual que nos proteja contra todo ataque del enemigo. Esa muralla no debe tener huecos por donde penetre el enemigo. San Pablo le escribe a los efesios y les dice: «*Ni déis lugar al diablo*» (Efesios 4.27). Cuando dejamos espacios en la muralla, cuando no nos vestimos de toda la armadura de Dios, entonces Satanás vuelve a atacarnos y nos encontrará sin defensa, logrando su objetivo: que nuestro estado sea peor que el anterior. Manasés, que ya había abandonado la autosuficiencia y que sabía que el enemigo atacaría nuevamente, elevó *muy alto* el muro. La manera de que tu muro sea muy alto es que te llenes cada día de la presencia viva del Espíritu Santo. El diablo nada puede hacer con un creyente lleno del Espíritu Santo.

Restauración del altar

Por eso el cuarto paso que Manasés dio fue *restaurar el altar*. *«Reparó luego el altar de Jehová y sacrificó sobre él sacrificios de ofrendas de paz y de alabanza»* (v. 16). Dios no va a restaurar tu altar. Eres tú quien lo debe hacer. No esperes que Dios te dé ganas de orar, de leer la Biblia, de adorar, de congregarte. Los cristianos no nos movemos por ganas o por sensaciones. El tener comunión con Dios no es una cuestión de ganas, sino de ejercicio de nuestra voluntad y sometimiento a Dios. Levítico 6.12 nos enseña claramente esta lección: *«Y el fuego encendido sobre el altar no se apagará, sino que el sacerdote pondrá en él leña cada mañana, y acomodará el holocausto sobre él, y quemará sobre él las grosuras de los sacrificios de paz»*. El mantener el fuego encendido en el altar requería del sacerdote un esfuerzo diario y constante. Debía levantarse muy de mañana y caminar a veces largos trayectos en busca de la leña. Debía acomodar la leña, preparar el holocausto y velar diligentemente para que el fuego no se apagara. Era una ardua tarea y una altísima responsabilidad. Como vemos no era una cuestión de emociones, sino de esfuerzo y disciplina, de entrega y voluntad. Nuestra vida restaurada volverá a debilitarse si no reparamos el altar.

Restauración de la entrega

Y reparado el altar, Manasés *restauró su entrega*. Presentó sacrificios y ofrendas. Lamentablemente muchos creyentes no terminan de entender la importancia que tiene para sus vidas la ofrenda. Creen que simplemente la ofrenda es para solventar los gastos de una iglesia o de un ministerio. Cuando en realidad la ofrenda consiste de adoración y alabanza a Él.

Restauración de la alabanza

Y además de los sacrificios de paz, entregó sacrificios de alabanza. Es decir, Manasés *restauró la alabanza*. La alabanza es clave en este proceso. La alabanza no solo tiene el fin de reconocer a Dios, agradecerle y glorificarle, sino que opera en nuestro propio interior. La alabanza modifica sustancialmente la manera que enfrentamos la vida. Muchos creyentes llevan vidas de derrota porque en lugar de iniciar el día alabando a Dios, se levantan con las noticias del mundo. Sus mentes se llenan de pensamientos negativos, pesimistas, amargos. La alabanza nos llena de alegría al reconocer que Dios ha obrado con amor en nosotros. La alabanza nos llena de esperanza al saber que Dios obrará en nuestras vidas y circunstancias. La alabanza nos llena de seguridad al saber que hoy, el Dios todopoderoso que me ama, estará conmigo. ¡Aleluya! No dejes de restaurar en tu vida la alabanza a Dios. Ella te mantendrá saludable.

Restauración del servicio

Y el último paso de este proceso fue que Manasés *restauró el servicio*. *«Y mandó a Judá que sirviesen a Jehová Dios de Israel»* (v. 16). El ocio en la vida cristiana es el espacio que el enemigo necesita para recomenzar su obra. Cuando somos restaurados por Dios, nosotros debemos restaurar el servicio a Él. No es una cuestión de sentir, de tener ganas. Es una orden. Dice que Manasés «mandó». Muchos cristianos asumen frente al enemigo solo una actitud defensiva, y viven preocupados por los ataques de Satanás. Restauran el muro, pero no restauran el servicio. Pero Dios quiere que en lugar de estar preocupado por los ataques de Satanás, el diablo esté preocupado por ti. Él debe estar alarmado por la manera que testificas, por los enfermos que se sanan con tu oración, por tu autoridad reprendiendo a sus huestes, por tu servicio en la iglesia edificando al Cuerpo de Cristo.

Ninguna vasija fue peor que Manasés. Ninguna tan orgu-
llosa, tan desobediente, malvada y oscura. Terminó quebrada.
Pero Manasés tuvo la sabiduría de volver a las manos del
Alfarero. Y a pesar de las grietas y de las quebraduras, el buen
Alfarero le restauró a su lugar, a su gente, a su autoridad de rey.
El Alfarero quiere hacer lo mismo contigo hoy. Sigue los pasos
de Manasés, y tu vida será otra.

13

Una vasija derramada

*Levántate y vete a casa del alfarero, y allí te haré
oír mis palabras*

Jeremías 18.2

El Señor nos hace una invitación solemne. Nos propone ir a
su casa, al taller del Alfarero. Allí quiere hacer algo nuevo
en nuestras vidas, pero primero, antes que nada, debemos oír
su mensaje: *«Allí te haré oír mis palabras».*

En 1992 mi vida ministerial era muy intensa. Por la mañana
conducía programas radiales de evangelización, atendía las ofi-
cinas de la iglesia y todas las consultas pastorales. Por las noches
enseñaba o predicaba en las reuniones. Vivía jornadas de hasta
catorce horas de trabajo duro, los siete días de la semana. ¡Estaba
realmente muy ocupado! Atareado en la tarea de atender las
necesidades de una iglesia que crecía fuerte y sana. Sin embargo,
intuía que algo me faltaba. Tenía una necesidad que no alcanzaba a discernir por completo.

Una noche recibí la visita del pastor Werner Kniesel. Él es el pastor de la iglesia más grande de Suiza, y había sido misionero en Argentina. Después de varios años nos reencontramos y participó junto a nosotros en un culto en la iglesia. Luego fuimos a cenar y a disfrutar de la excelente carne argentina, que Werner extrañaba tanto. Allí comencé a contarle toda la obra que Dios estaba haciendo con nosotros. Le conté las múltiples actividades que yo llevaba adelante. Y sinceramente esperaba que Werner me felicitara por ello. Pensaba que al oír todo lo que yo hacía, diría: «¡Oh Claudio, qué bueno es ver todo lo que el Señor te ha dado y está haciendo contigo!» Sin embargo, se limitó a hacerme una pregunta. Una pregunta que sacudió mi vida. Me dijo: «Claudio, ¿cuánto tiempo dedicas para oír al Espíritu Santo?» Al escuchar esa pregunta, ¡casi me queda atragantado el bocado que tenía en la boca! Werner continuó: «Has crecido mucho, y la iglesia está hermosa, pero hay algo que no estás haciendo bien. El Espíritu Santo quiere hablarte y tú no tienes tiempo para escucharlo».

Desde aquel momento comprendí que antes que Dios pueda hacer algo con nosotros, primero debemos oír su voz. El Alfarero nos invita a ir a su taller y nos dice: *«Allí te haré oír mis palabras»*. ¿Sobre qué nos querrá hablar el Alfarero? ¿Qué será lo que tenemos que oír para que Él pueda comenzar a obrar y modelar nuestras vidas conforme a su diseño? Yo creo que lo primero que Él desea que entendamos es que este es el momento justo para que haya un poderoso cambio en nosotros, porque estamos viviendo un tiempo especial, el tiempo de su Espíritu.

Cuando Simeón, un hombre justo y piadoso sobre quien estaba el Espíritu Santo, alzó al recién nacido Jesús en sus brazos, oró y dijo: *«Ahora, Señor, despides a tu siervo en paz, conforme a tu palabra; porque han visto mis ojos tu salvación, la cual has preparado en presencia de todos los pueblos»* (véase Lucas 2.25-31).

Nosotros no tuvimos el privilegio que tuvo Simeón de conocer a Jesús en persona, de tenerle en sus brazos. Pero tenemos un privilegio que no tuvo aquel hombre. Él pudo vislumbrar la salvación que Dios realizaría a la vista de todos los pueblos. Nosotros podremos ver la consumación de la salvación en toda tierra. ¡Aleluya!

El profeta declaró: «*Porque la tierra será llena del conocimiento de la gloria de Jehová, como las aguas cubren el mar*» (Habacuc 2.14). Y yo creo que el tiempo del cumplimiento de esta profecía ha comenzado. Simeón presenció el comienzo de ese tiempo, pero nosotros podemos ser partícipes de su consumación. ¿Cómo será llena la tierra del conocimiento de la gloria de Jehová? *Por medio de nosotros.*

COSECHARÁS TU SIEMBRA

El salmista expresa: «*Los que sembraron con lágrimas, con regocijo segarán. Irá andando y llorando el que lleva la preciosa semilla; mas volverá a venir con regocijo trayendo sus gavillas*» (Salmo 126.5-6). Tú y yo somos el fruto de muchos que han sembrado con lágrimas. Pero además, en este tiempo, vamos a cosechar lo que otros con lágrimas sembraron. ¡Una oración de acción de gracias se eleva al Señor por la vida de los que nos precedieron!

Pero el salmista no habla de dos tipos de personas. No hace referencia a unos que siembran y a otros que cosechan. El autor bíblico menciona un solo grupo. El que siembra con lágrimas es el mismo que recoge con regocijo. El que lleva la preciosa semilla llorando es el que vuelve con regocijo trayendo las gavillas, los manojos de trigo en sus brazos.

Creo que cabe preguntarse: ¿Por qué produce llanto el llevar la Palabra? ¿Por qué duele el llevar a otros nuestra fe? Si la Biblia dice que hay gozo en compartir la Palabra, que son hermosos los pies del que anuncia que Jehová reina, entonces, ¿por qué el dolor, el llanto? ¿Por qué a los creyentes les cuesta tanto testificar del Señor?

Yo creo que la Biblia es realista. Llevar la Palabra de Dios, muchas veces es costoso. El costo del rechazo. Que los demás piensen que somos raros, o algo por el estilo. El costo de superar nuestro egoísmo y pensar en que el otro se está perdiendo de vivir una vida abundante y eterna. El costo de abandonar nuestra vergüenza de hablar del evangelio. El costo de respaldar nuestras palabras con una vida acorde a ellas. El costo espiritual de superar las barreras que Satanás nos pone para que no hablemos ni intercedamos a favor de los perdidos. En definitiva es el costo de negarnos a nosotros mismos.

El temor al rechazo de los demás es una forma sutil de orgullo. La vergüenza es otra forma de orgullo. El egocentrismo obviamente lo es también. La excusa de la incapacidad también, porque no depende de nuestra capacidad, sino del Espíritu Santo, ya que el creer que depende de mí es otra forma de orgullo.

Yo creo que llevar la Palabra a otros duele. Produce llanto. Porque implica negarnos a nosotros mismos. Por eso es que si tú sientes que te cuesta mucho hablar del Señor, no te desanimes. No eres el único. A todos los creyentes cuando llevan la Palabra a otras personas algo les duele. Hay un costo que pagar.

Aun los que tienen el don de evangelizar podrían testificar que hay que pagar un costo. Así que no te desanimes. No eres el único a quien le ocurre. Pero esto no te sucederá solamente porque implica negarse a sí mismo, sino también porque implica vencer a Satanás. Estoy seguro que en muchas oportunidades no pudiste compartir el evangelio, no por una cuestión de incapacidad tuya, sino porque el diablo, que sabe que Dios te va a utilizar para bendición de otros, estorba y obstaculiza la obra. Es necesario reconocer a nuestro enemigo. Ponernos la armadura con presteza y firmeza para anunciar el evangelio de la paz.

Este es un tiempo de alegría porque es un tiempo de cosecha. Muchos tuvieron que conformarse en el pasado nada más que con sembrar. Es decir, solamente lloraron. Pero nosotros somos las personas de las que habla el salmo. Estamos viviendo en un tiempo que por la misericordia de Dios podemos sembrar y cosechar. Este es tiempo de cosecha donde nuestra boca se llena de risa, donde nuestra lengua irrumpe pronunciando alabanzas.

En esta época los inconversos reconocerán lo que Dios hizo en tu vida. Apenas cuentes tu testimonio, la gente dirá: «Grandes cosas ha hecho Jehová con este» (véase el Salmo 126.2-3). Como hizo Simeón, con alabanza y emoción, agradécele a Dios por permitirte vivir en este tiempo (véase Lucas 2.28-32). Esta es la época que Joel profetizó cuando dijo que Dios enviaría la lluvia tardía, y una gran cosecha (Joel 2.23) y que también anunció Zacarías diciendo: «*Pedid a Jehová lluvia en la estación tardía, Jehová hará relámpagos, y os dará lluvia abundante, hierba verde en el campo a cada uno*» (Zacarías 10.1).

Esta es la hora de alegrarse y gozarse. Isaías te dice: «*Regocíjate, oh estéril, la que no daba a luz, levanta canción y da voces de júbilo*» (Isaías 54.1). Joel te dice: «*Alegraos y gozaos porque os ha dado la primera lluvia a su tiempo y hará descender sobre vosotros lluvia temprana y tardía*» (Joel 2.23). Habacuc dice: «*yo me alegraré en Jehová y me gozaré en el Dios de mi salvación*» (Habacuc 3.18). Zacarías te dice: «*Alégrate mucho, da voces de júbilo. Tus ayunos se convertirán en gozo y en alegría y en festivas solemnidades*» (Zacarías 9.9; 8.19). Por eso alégrate, gózate, regocíjate, festeja, alaba, y celebra porque Dios te ha escogido para que la tierra sea llena del conocimiento de su gloria. ¡Este es tu tiempo! Es el tiempo del Espíritu Santo en el mundo, y Él quiere ungirte para que llenes la tierra de su conocimiento.

Jesucristo dijo: «*Id por todo el mundo y predicad el evangelio a toda criatura*» (Marcos 16.15). ¿Podrás hacerlo tú? No es para «especialistas», es para ti. ¿Cuando haya un enfermo, serás tú el que ore por su sanidad? No pienses que orar por los enfermos es solo para «algunos». Es una tarea para ti. ¿Serás tú quien traiga libertad a los oprimidos por Satanás? No digas en tu corazón: «yo no puedo»; en Cristo todo lo puedes, y esa es tarea para ti. Lo prometió Jesús: «*Estas señales seguirán a los que creen: En mi nombre echarán fuera demonios; hablarán nuevas lenguas; tomarán en las manos serpientes, y si bebieren cosa mortífera, no les hará daño; sobre los enfermos pondrán sus manos, y sanarán*» (Marcos 16.17-18). Las personas serán salvas, sanas, libres, bendecidas, por medio de tu participación en el mover de Dios en este tiempo. Ya tienes todo, el Espíritu está sobre ti, en ti y quiere obrar a través de ti para la gloria del Señor.

El libro de los Hechos nos cuenta que pasaron diez días entre la ascensión de Cristo y la venida del Espíritu Santo sobre los discípulos. ¿Por qué esperar tantos días? Probablemente los discípulos se sentirían como soldados que hacen una pausa obligada en medio del campo de batalla, porque han perdido a su general. La confusión los embargaba. No sabían que hacer. Volvieron al Aposento Alto, allí donde se habían reunido tantas veces con Jesús. Tal vez alguno guardaba la íntima esperanza que así como se había aparecido varias veces durante esos 40 días después de su muerte, otra vez aparecería ahora. Pero los días pasaban y ni Jesús volvía, ni la promesa de la venida del Espíritu Santo se cumplía. Otros quizás se preguntaban, ¿si no pudimos vencer estando Jesús con nosotros, qué vamos a hacer sin Él?

Pero, ¿por qué diez días? Porque había que esperar que llegara la fiesta de Pentecostés. Dios había dispuesto que Cristo muriera en la fiesta de Pascua, porque Él simbolizaba al Cordero que liberta a los pecadores, así como el cordero pascual recordaba la liberación de Egipto. De igual manera había que esperar la fiesta de Pentecostés, para que descendiera el Espíritu Santo, porque simbolizaba los primeros frutos de la cosecha. Y así ocurrió: el día que vino el Segador, el Espíritu Santo, 3.000 frutos fueron recolectados como primicias del Reino.

Pentecostés marcó el comienzo de los últimos días. Estos van desde la venida del Espíritu Santo, hasta la Segunda Venida de Jesús. Nosotros estamos viviendo los últimos días. Este es el tiempo del Espíritu Santo, es el tiempo de la cosecha. El Segador ha venido para convencer al mundo de pecado y de juicio. Pedro explicó lo que había pasado diciendo que el derramamiento del Espíritu era el cumplimiento de la profecía de Joel.

Verdaderamente en Pentecostés comenzó el cumplimiento de aquella profecía. Pero por supuesto que la profecía no fue consumada completamente. Dios está preparando el más grande avivamiento de la historia. Es el gran avivamiento antes del arrebatamiento de la Iglesia.

Dios en este tiempo está produciendo en su Iglesia una renovación del Espíritu para el avivamiento que viene. No podemos volver a repetir Pentecostés, como no podemos volver a repetir el Calvario, pero podemos apropiarnos del poder de Pentecostés, con la misma seguridad que podemos apropiarnos de la redención por medio del Calvario.

Desafortunadamente, muchos cristianos pasan años sin saber la diferencia entre poseer el Espíritu y ser llenos de Él. Desde el momento de su conversión el Espíritu Santo mora en todo creyente. Pero todo cristiano necesita ser lleno continuamente del Espíritu. Por eso la llenura del Espíritu es siempre un terreno por cultivar cada día.

Dios está llenándonos con su Espíritu, esta ungiendo a su Iglesia para el gran avivamiento que viene. ¿Te gustaría ser parte de la generación del avivamiento previo a la venida del Señor? Si quieres avivamiento, debes saber que el avivamiento empieza por ti.

Cuando Moody fue a Inglaterra, un gran amigo de él le dijo: «Moody, el mundo está listo para ver lo que Dios puede hacer a través de un hombre que se ponga en sus manos». Y este amigo cuenta en la biografía de Moody, que con gran humildad le respondió: «Yo seré ese hombre».

Moody no fue un hombre educado formalmente. No era alguien que hablara un inglés pulido y perfecto. Nunca lo ordenaron como ministro, pero fue un hombre que hizo temblar a los Estados Unidos y Europa, porque era un hombre lleno del Espíritu dispuesto a ponerse en las manos de Dios.

Estamos en los tiempos finales. Sin importar tu situación ni tu condición, Dios quiere usarte a ti. Para eso necesita llenarte hoy de su Espíritu. Tal vez tuviste una experiencia espiritual hace diez años, o cinco, o el domingo pasado. Eso ya pasó. La unción de ayer no sirve para este día. Hoy Dios quiere llenar tu vida, darte una unción fresca, nueva y poderosa.

El avivamiento empieza por ti. Primero es personal, pasa a la Iglesia, y finalmente afecta al mundo. No podemos ir al mundo sin antes ir a Dios. Algunos quieren hacer la obra sin conocer al Dios de la obra. Algunos quieren ser vasijas usadas por Dios pero no quieren pasar por el taller del Alfarero. Imposible. Hoy es el día en que tienes que ir a la casa del Alfarero y decirle a Dios: «Yo quiero ser lleno de tu Espíritu Santo porque necesito una unción renovada para servirte y bendecir a los que me rodean».

Pero esta unción que Dios está derramando, no es para guardárnosla nosotros, sino para ser usada en este avivamiento final. Años atrás, cuando Dios me ungió de una manera nunca antes experimentada por mí, al principio pensé que esa hermosa experiencia era solo para mí y para mi iglesia. Pero inmediatamente el Espíritu Santo me dijo: «Claudio, quiero que compartas esta fresca unción con todos los pastores y todas las iglesias». Y desde entonces, miles y miles han recibido un toque fresco de Dios para sus vidas e iglesias a través de nuestro ministerio. Porque Dios nunca quiere que su obrar se retenga en nuestras vidas. Todo lo que Dios nos da es para nosotros primeramente pero luego, y de manera inmediata, para compartir con otros a fin de que todo el mundo conozca del amor divino.

Reportes de todo el mundo señalan lo que el presidente de una organización latinoamericana me escribió un día: «Se ha dado un despertar espiritual en muchas congregaciones y en diferentes partes de nuestro país. Muchos pastores han visto una renovación en su ministerio y están sucediendo cosas nunca antes vistas. Esposas de ministros han dado testimonio de que ahora tienen un nuevo esposo por los cambios ocurridos en sus vidas y ministerios. La mayoría de nuestros templos no son suficientes para albergar a la gente que Dios está tocando para venir a buscar de Él. Creemos firmemente que el Espíritu Santo ha encontrado lugar en muchos ministros sedientos de su presencia y estoy muy satisfecho». ¿Te das cuenta de lo que Dios puede hacer cuando nos ponemos en sus manos? ¿Te das cuenta de que Dios quiere hacer algo en ti para que seas de bendición a otros?

Dios te llena del Espíritu porque te necesita. Dios está levantando nuevos hombres y mujeres para que sean parte del avivamiento que Él quiere producir. Hoy te llama a ti. Estamos viviendo una nueva fase de la vida de la Iglesia de Jesucristo. La de la búsqueda de Dios, la de la respuesta a su llamamiento, la del levantamiento de hombres y mujeres para cumplir su misión, para ser parte del avivamiento que viene. Este es el tiempo en que nuestros hijos y nuestras hijas profetizarán, nuestros jóvenes verán visiones y nuestros ancianos soñarán sueños.

Este es el tiempo del reloj de Dios. Su hora ha llegado. Que tu reloj, querido lector, no se atrase, que tu cronómetro no se detenga. Que tu reloj esté sincronizado con el de Dios. Este es el tiempo de Dios. Este es el tiempo de la lluvia tardía. Este es el tiempo de la gran cosecha. Ni tú, ni ningún hijo de Dios deben quedarse fuera de este mover. Dios te convoca para ser uno de los trabajadores de la última hora. Dios te invita a ser un colaborador suyo, y copartícipe de su obrar.

Por eso es que el Alfarero quiere trabajar con tu vida. Por eso te invita a ir a su taller. Ya has oído sus palabras: «Este es mi tiempo y tu tiempo». Ahora, Él espera que le digas: «Moldéame Señor, y úsame».

14

Una vasija de guerra

> *Y Moisés los envió a la guerra; mil de cada tribu envió;*
> *y Finees hijo del sacerdote Eleazar fue a la guerra con los*
> *vasos del santuario, y con las trompetas en su mano para*
> *tocar.*
>
> Números 31.6

El texto nos recuerda la última hazaña de guerra de Moisés antes de su muerte. Se trata del cumplimiento de una orden dada por Dios, quien le mandó a Moisés destruir a los madianitas a causa de su hostilidad para con Israel y de la permanente seducción de Madián hacia Israel en materia de culto. Por medio de las mujeres madianitas, Israel fue arrastrado al pecado y de esta forma provocó la ira de Dios (veáse Números 25.18).

La ira del Señor no es un símbolo o una simple figura literaria, sino una terrible realidad que se concreta contra el poder del mal. Dios quiere castigar a Madián por su acción de seducir y por la altanería con la que ha humillado a su pueblo.

Madián es la representación de Satanás y sus huestes de maldad, con su estrategia permanente de inducción al pecado y su altivez con la que trata de engañar y humillar al pueblo de Dios. La palabra Madián significa contienda y simboliza la contienda permanente que tenemos contra Satanás.

Es interesante notar que Finees, hijo del sacerdote Eleazar, llevaba consigo dos elementos. Él llevó consigo la trompeta, lo cual tenía su lógica, pués con ella daba la señal de empezar la batalla y de avanzar contra el enemigo. Pero el segundo de los elementos no tiene mucho que ver con una guerra. Dice la palabra que llevó a la batalla los vasos del santuario.

VASIJAS DE GUERRA

Cuando Jesús llama a sus discípulos lo hace con dos propósitos: «*Y estableció a doce, para que estuviesen con Él, y para enviarlos a predicar, y que tuviesen autoridad para sanar enfermedades y para echar fuera demonios*» (Marcos 3.14-15). Es decir, que Jesús los convocó para que tuvieran comunión íntima con Él, y para enviarlos al campo de batalla para predicar con autoridad y vencer al diablo.

El doble propósito de Dios no ha cambiado para nosotros. El Alfarero nos sigue moldeando para que seamos vasos del santuario. Vasijas que le sirvan en su presencia en adoración y en comunión íntima. Pero también, al igual que Finees, el Alfarero quiere llevarnos a la guerra. Él toma tu vida, un vaso de santuario, y desea llevarla a la batalla para que alcance la victoria.

El pueblo de Dios es un pueblo en pie de guerra. San Pablo instaba a los filipenses a estar firmes en un mismo espíritu, combatiendo unánimes por la fe del evangelio: «*Solamente que os comportéis como es digno del evangelio de Cristo, para que o sea que vaya a veros, o que esté ausente, oiga de vosotros que estáis firmes en un mismo espíritu, combatiendo unánimes por la fe del evangelio*» (Filipenses 1.27). A los efesios los desafiaba: «*Vestíos de toda la armadura de Dios, para que podáis estar firmes contra las asechanzas* del diablo. *Porque no tenemos lucha contra sangre y carne, sino contra principados, contra potestades, contra los gobernadores de las tinieblas de este siglo, contra huestes espirituales de maldad en las regiones celestes»* (Efesios 6.11-12). A los corintios les recuerda los recursos con que contamos los creyentes, diciéndoles: *«Pues aunque andamos en la carne, no militamos según la carne; porque las armas de nuestra milicia no son carnales, sino poderosas en Dios para la destrucción de fortalezas, derribando argumentos, y toda altivez que se levanta contra el conocimiento de Dios y llevando cautivo todo pensamiento a la obediencia a Cristo»* (2 Corintios 10.3-5). Es decir que, nos guste o no, estamos en medio de un combate. Pero Dios nos ha dado las armas para alcanzar la victoria no solo en nuestra vida, sino también en la vida de los demás.

El Antiguo Testamento está lleno de historias de guerras y combates. Esos relatos han sido inspirados por el Espíritu Santo, no solo para que conozcamos los sucesos de la historia de Israel, sino también para enseñarnos acerca de nuestra propia guerra. Entre estos episodios, la toma de la ciudad de Jericó, no es solo uno de los más conocidos por todos, sino uno de los más aleccionadores.

EJERCE LA AUTORIDAD ESPIRITUAL

La insólita estrategia que Dios le dio a los hijos de Israel tenía un propósito inteligente. Marchar en silencio alrededor del muro durante varios días no tenía realmente un claro sentido militar. ¿Cuál era el propósito? Que el pueblo ganara autoridad espiritual al ejercer la fe, la obediencia y el dominio propio.

Nosotros también necesitamos afirmar nuestra autoridad espiritual. No vivimos en un parque de diversiones, sino en medio de una guerra. No peleamos contra otros seres humanos, sino contra principados, potestades, gobernadores de las tinieblas, huestes espirituales de maldad. Y a menos que como Iglesia de Jesucristo los enfrentemos apropiándonos de la victoria sobre su jefe el diablo que Jesús obtuvo en la cruz, no podremos ganar terreno para Cristo en nuestro barrio, en nuestra ciudad, en nuestro país y hasta lo último de la tierra.

Jesús enseñó que las puertas del Hades no prevalecerían contra el embate de la Iglesia. Es decir, la Iglesia debe atacar las puertas del infierno, sabiendo que no podrán prevalecer. Podemos ejercer la autoridad espiritual delegada por el Señor sabiendo que tenemos asegurada la victoria.

DOS NIVELES DE COMBATE

Esta guerra espiritual debemos hacerla por lo menos en dos niveles. Nosotros estamos enmarcados en una doble situación. El primer marco, el más pequeño, es el de nuestra propia vida. Nuestro combate allí es contra las tres fuentes de maldad: Satanás, la carne y el mundo. Lamentablemente son muchas las personas que han asumido compromisos con Satanás. Desgraciadamente también hay creyentes que a pesar de estar en el camino de Dios, no terminan de romper con sus viejas ligaduras. Y esos viejos compromisos sin romper, son espacios que el diablo utiliza para seguir influyendo en sus vidas. Cuando nos volvemos a Cristo es preciso romper definitivamente con el pasado, y destruir todo compromiso y lazo con el enemigo.

Hace unos años estuve ministrando en Suiza en donde Dios se movió y tuvimos reuniones gloriosas. A una de ellas, asistió una mujer que estuvo durante años estudiando esoterismo y astrología. Aunque parezca increíble hay lugares donde estas personas gozan de un gran prestigio social para manejar estos conocimientos. Lo cierto es que el maligno había ganado lugar en ella enfermándola gravemente y dejándola paralítica. Los médicos no habían podido determinar una causa científica del mal que la afectaba. Llegó invitada a la iglesia por una amiga que antes de conocer a Cristo también practicaba estas artes ocultas. La sentaron y durante la celebración, en un maravilloso tiempo de alabanza, ella sola y sin que nadie hiciera nada, se puso de pie y, ¡fue restablecida completamente! Ella se arrepintió de sus pecados y fue bautizada. Entonces contó a la iglesia su testimonio. Cuando recibió a Jesús como su Señor y fue sanada por Él, llenó treinta y cinco bolsas grandes con los libros de ocultismo que tenía en su biblioteca. Le pagó un dinero extra al encargado de retirar la basura y luego presenció cómo se quemaba hasta la última bolsa. Su pasado quedaba definitivamente atrás, y no quería saber nada más con eso. Esta mujer está hoy feliz, sana y sirve al Señor. No dejó espacios que Satanás pudiera ocupar.

El segundo marco en nuestra batalla es el de nuestro campo de misión: la zona en donde vivimos, el pueblo o la ciudad en la que estamos, la nación a la que pertenecemos, el mundo que debemos alcanzar. Tal vez te preguntes: «¿Qué puedo hacer yo en este segundo nivel además de predicar el evangelio?» Creo que son varios los aportes que puedes hacer pero el fundamental es orar. Los cambios fundamentales que nuestro mundo necesita los tiene que hacer Dios. Por eso, el orar delante de la presencia de Dios y pedirle misericordia para nuestra ciudad o país es imprescindible.

¿Cómo se explica que en un planeta rico, lleno de la abundancia dada por Dios, haya tanta gente necesitada, que pasa hambre, sin respuestas sanitarias, sin lo indispensable para vivir una vida verdaderamente humana?

Seguramente podríamos encontrar muchas explicaciones para estas preguntas, desde el campo de lo político, de lo económico y de lo social. ¿Pero habrá alguna respuesta desde el plano de lo espiritual? Sin descartar la validez de algunas de esas respuestas económicas, políticas o sociales, desde una perspectiva espiritual también encontramos una respuesta. Y creo que resulta claro para nosotros que en nuestro mundo, el diablo ha tenido suficiente espacio para hacer de todo. Uno bien podría decir que la inestabilidad política, la mala administración de la economía y el nuevo orden mundial han contribuido a décadas de creciente pobreza, a la caída de la calidad de vida, al desempleo, etc. Pero lo cierto es que un espíritu de pobreza, de miseria, de explotación, de opresión y de desocupación ha sido puesto en la tierra porque la humanidad, aun sin saberlo, le ha dado lugar al diablo para que este actúe. Y así podríamos mencionar otros aspectos del sufrimiento humano donde se evidencia claramente la actividad demoníaca en el mundo.

¿Qué podemos hacer tú y yo? ¿Quién podrá desalojar esos espíritus, sino el pueblo de Dios en el nombre de Jesús? ¿De qué manera lo haremos? Orando, intercediendo, luchando en oración, haciendo guerra espiritual. Esta es una tarea para toda la Iglesia de Jesucristo.

Existen también otras formas mediante las cuales puedes combatir espiritualmente ahora mismo. Veamos:

Adora al Señor

Empieza por adorar a Dios. Esto es lo más importante. Recuerda que antes de ser una vasija de guerra, el Alfarero te hizo vasija de su santuario. Llena tu boca y tu corazón de alabanza, de acción de gracias, y de adoración a Dios. Alaba y adora a Dios por lo que Él hace, y por lo que Él es. Reconoce su soberanía. Él está por encima de todo principado, de toda potestad y de todo poder humano.

Agradécele a Dios por el país en el que Él te ha hecho nacer y vivir. Si tú eres de los que habitualmente se quejan por el país en el que viven y por la ciudad que habitan, deja de hacerlo y alaba y adora a Dios. ¿Deseas un avivamiento en tu nación? ¿Quieres derrotar a los poderes de las tinieblas? La manera de hacerlo, la forma de deshacerse de la oscuridad, es encendiendo la luz, es estableciendo la presencia del Señor en medio de nuestra nación por medio de la alabanza. «*Canta, oh hija de Sión; da voces de júbilo, oh Israel; gózate y regocíjate de todo corazón, hija de Jerusalén. Jehová ha apartado tus juicios, ha echado fuera tus enemigos*» (Sofonías 3.14-15).

El ejemplo bíblico lo encontramos en 2 Cr 20.20-21.

Ora y espera en Dios

Necesitamos orar, clamar a Dios, y escucharlo a Él. ¿Sabes lo que pasó después de la victoria de Jericó? Vino una derrota terrible para Israel porque se lanzó a actuar sin oír primero a Dios. «*Y los hombres de Israel tomaron de las provisiones de ellos, y no consultaron a Jehová*» (Josué 9.14). La Biblia nos advierte sobre el pecado de la presunción, que es el intento de extender el Reino de Dios sin su dirección específica. Después de la victoria de Jericó, los israelitas fueron derrotados en Hai porque cometieron el pecado de no consultar a Dios.

Ora y escucha qué indicaciones Dios te da. Ora y también intercede por los líderes de tu iglesia. Ora junto a ellos y espera las indicaciones de Dios para tu ciudad. «*Oh, si me hubiera oído mi pueblo ... En un momento habría yo derribado a sus enemigos y vuelto mi mano contra sus adversarios*» (Salmo 81.13-14). Esperemos en el Señor, oigámoslo a Él, no dependamos del razonamiento finito o de la astucia humana. Las batallas espirituales se ganan siguiendo la revelación que nos da el Espíritu Santo.

Pide perdón por los pecados de tu ciudad y de tu nación

Muchas veces los cristianos miramos la situación de nuestras ciudades como algo con lo cual nosotros no tenemos nada que ver. Pero la Palabra nos enseña que debemos identificarnos con los pecados del país en arrepentimiento personal. Cuando Nehemías oró por la restauración de Jerusalén, él no tenía nada que ver con los pecados de las generaciones anteriores que condujeron al pueblo al cutiverio. Sin embargo, oró: «*Yo mismo y mi pueblo hemos pecado*» (véase Nehemías 1.6-7). Esdras, hizo lo mismo. «*Dios mío, confuso y avergonzado estoy para levantar, oh Dios mío, mi rostro a ti, porque nuestras iniquidades se han multiplicado sobre nuestra cabeza, y nuestros delitos han crecido hasta el cielo*» (Esdras 9.6).

Ellos no oraron como si no fueran parte del pueblo. Oraron identificándose con el pecado del país. Tal vez tú no has matado a nadie, pero has cometido otros pecados que han ofendido a Dios. Tal vez tu iglesia no ha hecho nada malo para la situación socioeconómica que vive tu pueblo. Pero seguramente no habrá hecho lo suficiente, como para que eso no sucediera. Pide perdón y no solo por los pecados colectivos de tu sociedad, sino también por los tuyos. El problema principal no son los demonios. El problema principal es el yo. Solo cuando Dios ha limpiado mi corazón pecaminoso, estoy en condiciones de seguir intercediendo.

Resiste al diablo

Jesús enseñó a resistir al diablo mediante el ayuno y la oración. Puedes afectar las esferas celestes a través de tu oración y ayuno. Escoge un día en el que periódicamente ores y ayunes por tu ciudad y por tu nación para que sean afectadas por el evangelio por medio de un avivamiento.

Resistimos también al diablo con un espíritu opuesto al de él. Vencemos al mal con el bien. Si tu ciudad tiene un espíritu de miseria, vence al diablo no siendo miserable, sino generoso. Si hay un espíritu de mentira, vence con la verdad. Si hay un espíritu de orgullo y soberbia, vence con humildad.

Declara victoria

Declara y confiesa la Palabra creyéndola en tu corazón. Di cada día en tu casa en voz audible: «Dios enviará un avivamiento sobre mi ciudad». El poder de Cristo es mayor que las tinieblas en tu nación. La miseria y la pobreza se irán en el nombre de Jesús. Reprende y di: «Satanás, tú y tus demonios no tendrán mi nación. Este país será de Cristo». Confiesa que el Señor te dará la victoria en tu iglesia, en los proyectos de tu congregación para ganar tu zona y tu ciudad.

Confiesa a Cristo

La mayor de las derrotas para Satanás será que le hables de Cristo a una persona. Pídele a Dios que te dé una persona en esta semana. Y si tu oración es sincera, si en verdad estás dispuesto a hacerlo, Dios te dará la oportunidad de hablar de Él a por lo menos una persona en esta semana. El Espíritu Santo hará el resto.

Trabaja por la unidad de la Iglesia

La unidad de la Iglesia es vital para el combate espiritual. Colabora y trabaja por la unidad de la Iglesia de Jesucristo en tu ciudad. Únete espiritualmente a otros creyentes de otras congregaciones y denominaciones para orar por tu ciudad y tomarla espiritualmente. Marchen como el pueblo de Dios en Jericó, tomando en oración cada sector de la ciudad. Con el tiempo verán cómo las fortalezas de maldad, las potestades, y el principado de la ciudad caerán en el nombre de Jesús.

Aprópiate de la victoria

El pueblo de Dios recibió fortaleza y ánimo para pelear al recibir la Palabra del Señor: *«No temáis, estad firmes, y ved la salvación que Jehová hará hoy con vosotros; porque los egipcios que hoy habéis visto, nunca más para siempre los veréis. Jehová peleará por vosotros, y vosotros estaréis tranquilos. Di a los hijos de Israel que marchen»* (Éxodo 14.13-15).

Quiero recordarte las palabras de un gran siervo de Dios, John Dawson:

> *El pueblo de Dios a veces hace cosas locas. Cosas que solo tienen sentido cuando se ven con los ojos de la fe. Somos llamados a ser la sal y la luz que transformen al mundo que nos rodea, pero la fuente de nuestro poder es invisible. Lo infinito toca lo finito en la obediencia sencilla de la vida de un creyente.*

Si tenemos una obediencia sencilla a Dios lo infinito de Dios se unirá a lo finito de nosotros. Lo omnipotente de Dios vendrá sobre lo limitado de nosotros. Y en tu ciudad los muros caerán y empezarás a ver el poder de Dios desatado.

Dios te ha hecho una preciosa vasija para estar en su santuario adorándole y disfrutando de la comunión con Él. Pero el Señor está tocando la trompeta, llamando a la batalla. Y tú, vasija de santuario, serás llevado en sus manos para ser vasija de guerra. Porque Él tiene preparada para ti una victoria extraordinaria. Lo creo con todo mi corazón.

15

Una vasija de alabastro

> *Vino una mujer con un vaso de alabastro de perfume de nardo puro de mucho precio; y quebrando el vaso de alabastro, se lo derramó sobre su cabeza.*
>
> Marcos 14.3

Dios está restaurando la adoración en su Iglesia en todo el mundo. Nos está guiando a desplazar al hombre del centro del culto y ponerlo a Él como principal receptor y eje de nuestra reunión.

En la Biblia encontramos una historia que nos ayuda a entender el significado y propósito de la adoración. Seis días antes de su muerte, Jesús estaba en la aldea de Betania y fue invitado a una gran cena. Lázaro, a quien Jesús había resucitado un mes atrás, estaba allí. Su hermana Marta estaba sirviendo la mesa. En aquella casa, como en cualquier casa de Betania, se percibían muchos olores. Cualquiera de los presentes podía oler el aroma que venía del campo con el trigo maduro. El olor de los rebaños de ovejas que estaban pastando por allí. El suave perfume de las higueras, de los pastos verdes y los olivos. El olor de la comida preparada por Marta, y el de las cazuelas calentándose al fuego. Pero sorpresivamente un olor distinto llenó aquel lugar. María, la hermana de Marta, trajo una libra de perfume de nardo puro, una esencia de mucho precio, y ungió los pies de Jesús y los enjugó con sus cabellos.

Es interesante pensar en esa escena. Juan estaba sentado gustando la rica comida hecha por Marta, había tocado y estrechado las manos de muchos de los invitados y los había abrazado, había visto lo que María había hecho con ese perfume, había escuchado lo que Jesús había enseñado, pero no se impresionó por lo que gustó, ni lo que tocó, ni lo que vio, ni lo que escuchó ... Juan fue impactado por lo que él y los demás olieron: «*Y la casa se llenó del olor del perfume*». Ese perfume de alabanza y adoración superó a todos los otros olores de la casa. Por un instante, por un momento, solo hubo un olor: el del perfume de la adoración de María.

Pero Judas recriminó la actitud de esta piadosa mujer. Pretendía que ese perfume no fuera de adoración, sino que fuera dado a los pobres: «*¿Para qué se ha hecho este desperdicio de perfume? Porque podía haberse vendido por más de trescientos denarios, y haberse dado a los pobres*». Para Judas y los otros que no entendían, se trataba de un desperdicio. Era lógico. Judas pertenecía a otro reino.

Esta historia me recuerda los tiempos cuando me convertí, allá por los años setenta. ¡Cómo Dios cada día me llamaba a rendir mi vida más a Él! Cada año me vencía más y más. Sabía que mi consagración debía ser del ciento por ciento o nada, y por esta causa meditaba mucho acerca de mi decisión. Finalmente, impactado por la historia de un joven misionero llamado Bruce Olson, reconocí que como joven no tenía un propósito definido en la vida y que si Dios quería usarme, estaba dispuesto a entregarlo todo.

Tendría unos veinte años cuando el Señor me llamó al ministerio. Trabajaba en una empresa como un empleado común. Jamás me habían dado grandes responsabilidades ni se me había considerado para un mejor puesto. Un fin de semana, en un campamento, Dios me habló: «Dedícate exclusivamente a mi obra, déjalo todo». Yo tenía mis proyectos, en aquel entonces estudiaba ingeniería, pero cuando Dios me hizo sentir la carga por los perdidos y me invitó a ponerme en sus manos como un instrumento, no dudé un instante. Decidí al día siguiente renunciar a mi empleo para inscribirme en el seminario.

Aquel lunes fui a trabajar como siempre. Apenas me ubiqué en mi escritorio alguien vino y me dijo: «El director general te llama». Esa indicación me sorprendió. El director general siempre entraba por una puerta muy lejana a los empleados y se recluía en su lujosa oficina. ¿Para qué llamaría a un jovencito como yo, un «don nadie» dentro de su empresa? Jamás siquiera me había saludado, era un multimillonario muy ocupado en sus propios asuntos como para reparar en mí. Fui rápidamente a su oficina y me dijo: «Siéntese». Me hundí en el inmenso sillón frente a él. Entonces me dijo: «Señor, hemos pensado en usted todo el fin de semana. Y hemos decidido ponerlo al frente de un nuevo departamento que tendrá la empresa. Tendrá una oportunidad única que ningún otro empleado ha tenido. Hemos pensado en sus condiciones, en su futuro, en su trayectoria en la empresa, y hemos decidido ponerlo al frente del departamento de informática. Tendrá un mejor sueldo; tendrá entrenamiento a cargo de la empresa». Mientras escuchaba a aquel hombre, Dios me recordó que yo había renunciado a aquello. Le dije: «Señor Blanco, tengo que decirle algo que tal vez usted no comprenderá del todo». «Sí, dígame. ¿Cuáles son sus inquietudes al respecto?», me dijo él. Entonces le dije claramente: «No acepto. Voy a entrar a un seminario y servir a Dios como pastor».

¿Sabes qué fue lo primero que el director general me dijo: «¡Qué desperdicio!». Me sentí identificado con aquella mujer que derramó hasta la última gota del perfume, sin medir los costos. Aquel hombre me preguntó: «¿De qué vas a vivir; qué será de tu futuro y de tu familia?». Y comenzó a insistirme para que reconsiderara mi decisión. Por supuesto que no me entendió, y mucho menos me alentó. Pero al menos supo que yo estaba decidido a ser fiel a mi llamado sin ceder un palmo. Al pasar los años, este mismo empresario aceptó lo que Dios había hecho en mi vida. Aun más, colaboró económicamente con el seminario, entregando carne gratis para los estudiantes. Pero en su momento le pareció un desperdicio.

Este es el tiempo de entregarlo todo a Dios en adoración y comprometerse con Él y su Reino. Muchos familiares y amigos te dirán: «¿Hoy domingo vas a ir a la iglesia tantas horas? ¿Hoy, el único día que puedes descansar, irás a predicar a los hospitales?». Ellos no entenderán que has derramado todo tu ser a los pies de Jesús. No esperes que te aplaudan. Los cristianos comprometidos de verdad serán criticados. Nosotros somos aquel vaso que tiene mucho valor. Para muchos el valor está mientras el perfume está intacto en su vaso. Pero para nosotros el único y eterno valor esta en quebrarlo a los pies del maestro. Para nosotros será la gloria. Para ellos, apenas un desperdicio. Así también le pareció a Judas la decisión de entrega y adoración de aquella mujer. Pero Jesús coronó la adoración de María diciendo: «*Dejadla; ¿por qué la molestáis? Buena obra me ha hecho. Siempre tendréis a los pobres con vosotros*» (Marcos 14.6-7).

La adoración es sencillamente repetir lo que María hizo. Es postrarnos delante del Señor, reconocerlo como tal, y entregarle lo más valioso y costoso, nuestra vida, en un acto de adoración. Al igual que Judas somos tentados a dedicar nuestra atención, nuestro perfume valioso, nuestro ser, para otra cosa que no sea la adoración al Señor. Al leer estas líneas seguramente estarás percibiendo muchos «olores». El aroma de tus preocupaciones, el olor de tus problemas, de tus carencias y enfermedades. Jesús te dice: «Problemas, dificultades, vas a tener siempre; pero ahora deja que tu casa se llene del perfume de tu adoración».

Vimos como a causa del pecado, de la desobediencia, del dualismo y de albergar sentimientos negativos, la vasija de nuestra vida se va rompiendo y echándose a perder. Pero, ¡qué paradoja!, en la dinámica de Dios, en la maravillosa y singular manera de trabajar que tiene con nosotros el Alfarero, Él nos dice algo extraño: «El primer paso para restaurar una vasija *quebrada* es el *quebrantamiento*».

Aquella mujer de Betania se quebrantó delante de Jesucristo en humillación y en adoración. Mientras el orgullo quiebra nuestra vasija, ella quebrantó su vaso para terminar con el orgullo. Dice la Palabra de Dios que ella: *«ungió los pies de Jesús y los enjugó con sus cabellos, y la casa se llenó del olor del perfume»* (Juan 12.3). Es decir, aquella mujer se postró a los pies de Jesús, se humilló delante de su presencia reconociendo su señorío y su propia condición, y le adoró. Para que el orgullo no quiebre tu vida, debes quebrar tu orgullo en adoración.

María tampoco permitió que la amargura o el odio embargaran su alma al sentir la actitud de rechazo de Judas y las críticas. No permitió que los resentimientos tomaran control de ella y la quebraran trayendo amargura a la casa. Por el contrario, ella quebró su interior en adoración y aquel lugar se llenó del perfume.

Ella no anduvo escatimando ni ofreciendo una entrega parcial. Su corazón no estaba dividido. Sabía perfectamente que Jesús requería una entrega, una adoración total, y sentía y actuaba en armonía con ello. No se guardó nada. Quebró el vaso de alabastro y lo derramó por completo. La vasija se quiebra en dos cuando nuestra entrega es parcial, cuando pretendemos seguir a Jesús guardándonos algo. Adorarle a Él, y servir a otros dioses. Creer en Él, pero no obedecerle. Decir que le amamos y que nuestra vida le pertenece, y entregarnos con cuentagotas. Esta dualidad parte la vasija en dos. Pero cuando en adoración quebramos por completo el vaso, la entrega es total y el Alfarero nos reconstruye según su plan perfecto.

Este sano quebrantamiento permite que la presencia y unción del Espíritu Santo que mora en nuestro interior, pueda brotar y afectar lo que nos rodea. No necesitamos algo nuevo desde afuera. Necesitamos dejar en libertad la unción que ya tenemos. Los ministerios que Dios levanta con unción son utilizados por Él para guiarnos al lugar santísimo de su presencia. Y allí, frente a Jesús, tener la oportunidad de quebrantarnos. El único quebrantamiento verdadero se produce frente a Cristo. No nos podemos quebrantar si no estamos frente a Jesús. En Él se encuentra la gracia que quebranta el vaso de alabastro, para que lo precioso que está en nosotros se derrame y comience a fluir de acuerdo al diseño específico del Alfarero.

Al entender esto, te darás cuenta de que no dependes de los hombres, porque el río de agua viva ya está en ti. Jesús dijo que de nuestro interior correrían ríos de agua viva, hablando del Espíritu que habríamos de recibir. La unción ya está en ti, ya está la gracia. Lo que necesitas es el quebrantamiento. Y Dios está levantando ministerios para ayudarnos a dar ese paso tan necesario. Ministerios donde la gloria de Dios se manifiesta. Donde uno entra en un ambiente de gloria, de adoración, como si entrara al lugar santísimo del antiguo templo. Y allí, frente al tres veces santo, uno se quebranta. Y entonces empieza a fluir el poder del Espíritu de Dios. Y toda nuestra vida es cambiada.

Uno de los pecados de estos días es el de la iglesia de Laodicea. Al recorrer mi país y algunos otros lugares del mundo donde Dios se mueve con avivamiento, y oigo a los pastores y líderes contentos y conformes con lo que Dios está haciendo, me preocupo. Dios le dice a la iglesia de Laodicea que era tibia y que por ello la vomitaría. ¿Por qué era tibia? Porque aquella iglesia decía de sí misma: «Soy rica, y de ninguna cosa tengo necesidad». Mas Dios dice que la ve pobre, ciega, desnuda ... ¡Qué visiones tan diferentes! La iglesia decía: «Yo me veo bien». Dios dice: «Yo te veo mal». No nos sintamos satisfechos; no perdamos el hambre y la sed de Dios. El conformismo no tiene lugar. El sentirnos conformes equivale a ser tibios. Dios quiere que busquemos más y Él nos dará más. Y, ¿sabes una cosa? Yo quiero más.

La unción del Espíritu Santo ya está en ti. Tú eres templo del Dios viviente. Tú eres la vasija de barro que contiene la excelencia del poder de Dios. Ahora debes quebrantar ese vaso de barro en entrega, en sumisión a su voluntad y en adoración, para que ese poder se manifieste.

No sigas orando pidiendo por un poder y una presencia que ya está en ti. Muchos cristianos creen que algo nuevo tiene que venir desde afuera a sus vidas para que empiecen a funcionar bien. Pero si son creyentes ya lo tienen todo. Comienza a entregarte por completo, sin guardarte nada. Derrámate. En tu interior ya está el perfume de nardo puro. Quebrántate y la presencia de Dios que ya está en ti, se expandirá y llenará el lugar del aroma del perfume de Jesús.

Si lo haces, todos sabrán que tú eres un hijo de Dios. Al entrar a un hospital, a un restaurante, a un banco, a la escuela, a la universidad, al mercado, a tu trabajo, el fluir del Espíritu será tan grande que todos se darán cuenta que algo diferente está ocurriendo. La atmósfera espiritual será cambiada con el impacto de tu presencia. Porque desde adentro de tu ser hacia el exterior el perfume de la supereminente grandeza del poder de Dios que habita en ti, aromatizará el ambiente y conmoverá a las vidas que te rodean.

Recuerda: La vasija quebrada se restaura con quebrantamiento. Este es el momento para que lo hagas con tu vida. Como aquella mujer, te invito a postrarte a los pies de Jesús y renunciar al orgullo y la autosuficiencia. A liberarte de todo sentimiento negativo que esté partiendo tu vasija. Adórale con todo tu corazón.

Quiebra tu vaso delante de su presencia, y el amado Alfarero lo reconstruirá para su gloria.

16

Una vasija de aceite

*La harina de la tinaja no escaseará, ni el aceite de
la vasija disminuirá.*

1 Reyes 17.14

En estos años que llevamos ministrando al Señor junto con
Betty, Dios nos ha permitido vivir todo tipo de bendiciones. Nos dio, por su gran misericordia, el privilegio de ser
canales de su gracia, vasijas de barro rendidas que pueden
derramar el gran tesoro de su presencia y su poder en muchas
otras personas. Vimos multitudes pasar de muerte a vida en un
instante, aceptando a Jesucristo como el Señor y Salvador.
Fuimos usados por Dios para que muchos que estaban oprimidos por el diablo, fuesen libres de las tinieblas que los esclavizaban y comenzaran a disfrutar de la preciosa libertad que hay
en Cristo. Fuimos sorprendidos por Dios en cada una de
nuestras cruzadas contemplando milagros de sanidad extraordinarios. En todo este tiempo hemos visto la maravillosa mano

de Dios moverse trayendo restauración, reconciliación, prosperidad, crecimiento, multiplicación y bendiciones de todo tipo.

Entiendo el evangelio de una manera integral, y por esta razón procuro que cada persona encuentre la respuesta a su necesidad, sea cual fuere, en la dulce persona de Jesucristo. Pero si tuviera que señalar un elemento que ha sido (porque Dios así lo quiso) uno de los más distintivos en nuestro ministerio, debo mencionar el hecho particular de haber sido canal de restauración y renovación espiritual para muchas vidas y ministerios. Cientos de miles de personas que asistieron a nuestras reuniones en diferentes partes del mundo, testificaron haber recibido durante la ministración una fresca unción que produjo cambios en su vida de santidad, su comunión con Dios y su servicio cristiano.

Por ejemplo, pastores de diferentes denominaciones que estaban con una gran frustración en su esfera personal y ministerial, y aun en la vida de sus iglesias, eran tocados por el poder renovador del Espíritu Santo y ellos, junto con sus congregaciones, eran transformados por completo. La unción de Dios venía sobre estos siervos y a partir de ese momento comenzaban a ministrar con un mayor nivel de poder y autoridad, cosechando el fruto de su avivamiento personal.

La vida de miles de creyentes es transformada cuando el aceite fresco de la unción es derramado sobre sus corazones. Algunos de ellos nunca antes habían tenido una experiencia vívida, diaria, permanente con el Espíritu Santo. Otros sentían que esa experiencia se había secado, adormecido, estancado por la rutina. Pero de pronto, como un río tumultuoso el Espíritu Santo inundó sus vidas de manera nueva. Como un viento recio sopló sobre ellos, y nunca más volvieron a ser los mismos.

Ha sido extraordinario ver cómo en contextos geográficos diferentes, con realidades socioeconómicas distintas, con diferencias culturales marcadas, con trasfondos religiosos disímiles, los creyentes de todas partes del mundo viven y disfrutan las mismas experiencias. Una nueva comunión con el Espíritu Santo. Un nuevo fuego para testificar. Un deseo ferviente de buscar más de Dios. Un gozo renovado que desborda los patrones «normales». Una sed y un hambre por servir al Señor más y más.

Y así como los cambios producidos por la unción del Espíritu Santo han sido semejantes en todas partes del mundo, también ha sido común el interés y la preocupación de los creyentes para que el aceite recibido no se estanque sino que, por el contrario, crezca. En todas partes me preguntan: «Pastor Claudio, ¿cómo hacer para que la unción no cese?» Algunos que están llenos de aceite ardiendo con el fuego del Espíritu Santo, tienen temor de perder esa maravillosa comunión con Dios. Otros, quizás tú querido lector, disfrutaron de esa llenura pero la vasija se ha quebrado y el aceite se fue perdiendo en el camino, y ahora buscan nuevamente esa experiencia pero de modo permanente, porque esta es la voluntad de Dios. Y entonces el interrogante adquiere un sentido de urgencia: ¿Cómo hacer para que la unción no cese?

El relato bíblico, del cual surge el texto que encabeza este capítulo, nos relata el encuentro de Elías con la viuda de Sarepta a las puertas de la ciudad. Presenta a aquella viuda recogiendo la leña para hacer el fuego y preparar la última comida para ella y su hijo porque no tenían nada más para comer. Luego de ingerir este último bocado simplemente se prepararían para morir. Elías la llama y le pide un poco de agua en un vaso para beber y un bocado de pan para comer. Ella le explica que solo tenía un puñado de harina y un poco de aceite en una vasija. Eso era todo lo que tenía almacenado, y que luego que lo preparara para ella y su hijo, se dejarían morir.

Así están muchos creyentes hoy. Apenas tienen un poco de aceite en sus vasijas. Son hijos de Dios, el aceite del Espíritu está en sus vidas. Pero la vida espiritual en ellos está raquítica. La unción es escasa. Tienen vida devocional, pero la llevan con un gran esfuerzo, casi como una carga. Sirven al Señor, pero sin unción, sin fruto. Tienen aceite en la vasija, pero es nada más que un poco.

Muchos cristianos conscientes de su situación, al igual que la viuda de Sarepta, con ese poquito de aceite en su vasija se preparan para la muerte espiritual. Se resignan a vivir vidas cristianas sin gozo, sin poder, sin brillo. Como aquella mujer, viven su fe sin expectativas, dejándose morir.

Pero ella tuvo un encuentro con el profeta ungido. El profeta a quien más tarde su siervo Eliseo le diría: *«Te ruego que una doble porción de tu espíritu sea sobre mí»* (2 Reyes 2.9). Entonces Elías le da a aquella viuda una serie de instrucciones, para que el aceite no se acabe. Elías le asegura que «el aceite no disminuirá». Y quiero que juntos veamos esas instrucciones. Deseo para ti lo mejor, que nuevamente reboces con la unción de Dios, y que su aceite no disminuya.

LA ACTITUD ADECUADA

La primera disposición que Elías le da a la viuda de Sarepta tiene que ver con *la actitud ante la vida*. La indicación que el profeta le da es: *«No tengas temor»* (v. 13). El primer consejo que quiero darte es: «No temas». Muchos creyentes viven atados a un espíritu de temor que les impide vivir en plenitud, y que, por el contrario, produce que aquello a lo cual temen les suceda. Elías le dice a aquella mujer que no tenga miedo. Que rompa con la resignación. Que libere su mente de pensamientos negativos y de incredulidad. Para que la unción del Espíritu Santo permanezca no debes temer. Algunos cristianos cuando viven una experiencia nueva con el Señor piensan inmediatamente: «¿Cuánto me durará esto?». Tal vez porque en otro tiempo fueron renovados por Dios y dejaron apagar la llama, se descalifican a sí mismos para volver a empezar. Quizás temen volver a perder la fresca unción que han recibido. Ese tipo de pensamiento no sirve. Llevan en sí mismo incredulidad, duda, temor.

Cuando Dios te ungió con su Espíritu Santo, no te dio un espíritu de cobardía ni de temor. El aceite que descendió sobre ti es Espíritu de amor, de poder y de dominio propio (2 Timoteo 1.7). No te resignes a que tu vida cristiana se muera lentamente.

No te conformes a que tu comunión con Dios esté desfalleciendo. No consideres normal que tu vida de testimonio y servicio esté moribunda. No dejes que el temor te paralice y te haga perder todo lo que Dios te ha dado. Si sigues las indicaciones de la Palabra que estamos estudiando, el aceite de la unción del Espíritu en tu vida no disminuirá.

LA PRIORIDAD EN LA VIDA

La segunda instrucción que Elías le da aquella mujer tiene que ver con *las prioridades en la vida*. La mujer le había dicho que iría a cocinar con ese puñado de harina y ese poco de aceite algo para comer con su hijo, y que luego se dejarían morir. A esta pobre viuda Elías le hace un pedido sumamente extraño. Le dice: «*Vé, haz como has dicho; pero hazme a mí primero de ello una pequeña torta cocida bajo la ceniza, y tráemela; y después harás para ti y para tu hijo*» (v. 13). He subrayado la palabra «primero» porque es clave para nosotros. A simple vista uno pensaría que Elías era un hombre insensible que, aun viendo que se trataba de una viuda extremadamente pobre, a la que solamente le quedaba alimento para un último bocado antes de morirse, le quitaba el pan de su boca y se lo comía él. Pero no es así. Elías está aplicando el principio básico para recibir la bendición de Dios.

Este principio se aplica a la vida económica, como en el caso de la viuda, pero también a todos los órdenes de la vida. ¿Quieres bendición en tu vida familiar, en tu estudio, en tu vocación, en tu profesión, en tu noviazgo, en tu ministerio? Aplica entonces este principio. Es el principio de la prioridad. Primero dale a Dios, y Dios, que no es deudor de nadie, te dará todo lo que necesites y aun lo hará sobreabundar. Consagra tu vida a Dios, que Él sea el primero en tu vida, el más importante, y el aceite de la unción del Espíritu Santo no disminuirá en ti. He ministrado a miles y miles de personas y no he conocido siquiera uno que haya puesto a Jesús como el primero en su vida, cuya unción haya disminuido.

LA OBEDIENCIA REQUERIDA

El tercer precepto que tenemos que tener en cuenta para que el aceite espiritual no disminuya es el de *la obediencia en la vida.* Quiero que por un instante te pongas en el lugar de aquella viuda. Estás viviendo en medio de una crisis nacional catastrófica. La sequía ha destruído todas las posibilidades de obtener alimentos. A ti te queda solamente un puñado de harina y un poco de aceite en tu vasija. Estás listo para comer y morirte. Pero de pronto, viene alguien y te dice: «Antes de comer tú y tu hijo, dame de comer a mí». ¿Qué hubieras hecho y qué le hubieras dicho?

Recuerda siempre que la desobediencia es la que echa a perder todo. Cuando el Alfarero pone sus manos sobre ti y te moldea como su vasija, y te llena de aceite para que seas de bendición a otros, lo que hace que la vasija se rompa y el aceite se desperdicie es la desobediencia. Muchos pastores son ungidos por Dios para ministerios poderosos, con señales y milagros. Dios les da una orden para que en su nombre oren por un enfermo porque Él lo sanará. Y a pesar de estar ungidos, cuando se enfrentan con la persona enferma, en lugar de hacer lo que Dios les ha indicado, se llenan de temor, de incredulidad, y terminan desobedeciendo. Y repiten esto una y otra vez, hasta que Dios ya no puede confiar más en ellos. Y lentamente la unción va menguando.

Muchos creyentes reciben una unción maravillosa de parte de Dios. El Señor los toca, los llena de gozo, les da manifestaciones externas para que no duden y los inunda de su amor. Ellos reciben esa unción con alegría pero quieren hacerla convivir con el pecado. Quieren la unción de poder, pero no quieren abandonar aquello que va en contra del que da la unción de poder. Unción y pecado caminan juntos solo por un tiempo. Pero, o la unción acaba con el pecado, o el pecado acaba con la unción, porque las tinieblas no tienen comunión con la luz. La desobediencia quiebra la vasija y echa a perder el aceite de la unción. Para que el aceite no disminuya es fundamental vivir en obediencia.

EL ENCIERRO NECESARIO

Elías le indica a la viuda que se encierre. Dios iba a hacer algo extraordinario con ella, y para ello debía estar encerrada. Los creyentes deben descubrir nuevamente la importancia de encerrarse en privado para buscar de Dios. En los últimos años podemos ver cómo la gente busca de Dios y los cultos públicos se llenan de personas que asisten para alabar a Dios y ser ministradas por Él. Y eso es maravilloso, pero debe ir acompañado por el culto privado.

Los pastores sabemos bien que nuestra unción ministerial en los cultos públicos es proporcional al tiempo que pasamos con Dios en el culto privado. No hay secretos. Los hombres ungidos que Dios ha levantado en cada generación han sido hombres cuya vida de oración ha sido rica y constante. Esto debe ser una práctica regular y diaria, no solamente para los pastores y ministros, sino para todo creyente. Pero además del tiempo diario con Dios, es preciso apartarse cada momento que sea posible y encerrarse con Dios buscando más de Él, para que nuestra unción no disminuya, sino que aun crezca. Es como una especie de retiro personal. Por eso vemos a Jesús que cada cierto tiempo se apartaba para estar a solas y orar. Era el espacio que Él creaba para que el Padre lo llenara más de unción santa.

LA UNCIÓN COMPARTIDA

Como sabes, Elías y Eliseo no solo tienen nombres similares, sino que sus ministerios son muy parecidos. En 2 Reyes capítulo 4, encontramos a Eliseo ministrando también un milagro de provisión a otra viuda. Dado el interesante paralelismo analizaremos la historia. En este caso se trata de la viuda de un profeta. Su marido había sido temeroso de Dios, pero había muerto dejando a su mujer con deudas. Como ella no podía pagar, el acreedor quería tomar a sus dos hijos como sirvientes. Entonces Eliseo le preguntó a aquella viuda qué era lo que tenía en su casa. Ella respondió: *«Tu sierva ninguna cosa tiene en casa, sino una vasija de aceite»*.

Quiero decirte, que no importa cuál sea tu necesidad. Puede ser económica, emocional, matrimonial, familiar, laboral, ministerial. No importa cuál sea tu carencia. Si hay aceite en tu vasija, Dios transformará tu necesidad en bendición. Eliseo le indica a la viuda qué hacer con esa vasija de aceite. Pero al igual que en el relato de Elías y la viuda de Sarepta, lo que el profeta le dice a esta viuda suena extraño y hasta ridículo: *«Vé y pide vasijas prestadas de todos tus vecinos, vasijas vacías, no pocas. Entra luego, y enciérrate tú y tus hijos; y echa aceite en todas las vasijas, y cuando una esté llena ponla aparte»* (vv. 3-4).

¿Verdad que parecen sin sentido las instrucciones de Eliseo? Sería más lógico que ella pidiera aceite a los vecinos, no vasijas. El aceite era valioso y negociable como para tener dinero y pagar al acreedor. Las vasijas carecían de un valor significativo. Tenía que pedir aceite, no vasijas. ¡Pero Eliseo le manda a pedir vasijas! La enseñanza es clara. Para que la unción no cese debemos compartirla. Muchos creyentes tienen que aprender este principio. Viven orando y pidiendo más unción, más aceite. Pero Dios les dice: «No pidas más aceite, pide más vasijas; si hay más vasijas, yo pondré más aceite, y nunca cesará el aceite de mi unción».

Dice la Palabra que todas las vasijas se llenaron de aceite. Los hijos le traían nuevas vasijas y el aceite en lugar de acabarse, seguía fluyendo y llenando más y más vasijas. El aceite cesó cuando no hubo más vasijas. El aceite de la unción en tu vida cesará cuando no tengas otras vasijas a quienes compartirles la bendición. Mientras haya vasijas nuevas en quien colocar el aceite del Espíritu Santo, la unción no disminuirá ni cesará.

La viuda del profeta y sus hijos tuvieron que ir a buscar vasijas a sus vecinos. Tú eres la vasija llena de aceite. Tus vecinos, tus familiares, tus amigos, la gente que te rodea, son las vasijas con quienes tienes que compartir la obra del Calvario para que tu aceite no mengüe. En la medida que les hables del Señor, que les sirvas, que les compartas la unción del Espíritu, entonces tu unción se mantendrá fresca y sin disminuir.

La gente que comparte la vida contigo, en tu casa, en tu trabajo, en tu vecindario, en tu universidad, en tu colegio, son esas vasijas vacías. Son vasijas, porque el Alfarero también las creó como a ti. Pero están vacías, porque a diferencia de ti, no tienen el aceite de la presencia del Espíritu Santo. Son vasijas vacías, necesitadas, carentes de aquello que solo Jesucristo puede hacer en sus vidas. Cuando a esas vasijas vacías les impartes bendición, se produce un doble efecto. Ellas dejan de estar vacías, y tu aceite no cesa, sino que sigue fluyendo más y más.

Dios quiere producir el último gran mover de su Espíritu sobre toda carne. Cuando piensa en ti, no piensa solamente para que seas de bendición a los que hoy te rodean. Eso es solo el comienzo. Él espera también que de manera directa o indirecta, tu influencia alcance a todas las naciones de la tierra. Este es el tiempo en que Dios está despertando en su Iglesia un compromiso nuevo por las misiones. En 1995, fui invitado a la ciudad de Lüdenscheid, Alemania, a ministrar en una Conferencia sobre Misiones Mundiales. Muchísimos jóvenes respondieron positivamente al llamado de Dios. En dicho evento oramos por ese derramamiento del Espíritu Santo sobre toda nación, raza, lengua y pueblo, de forma tal que un poderoso avivamiento cubra la faz de toda la tierra.

Las vasijas que la viuda debía pedir no solo eran de los vecinos, y además vasijas vacías, sino que tenían una tercera característica. Debían ser *«no pocas»* (v.3). Quiero que sepas, que si te animas a pedir vasijas y no solo aceite, Dios te enviará muchísimas personas necesitadas para que los ministres y bendigas. De pronto empezarás a ver a la gente de una manera nueva. Ya no los mirarás superficialmente, sino que el Espíritu te mostrará la necesidad que hay en sus corazones. Podrás ministrarles de manera específica y la unción te respaldará, y aumentará en ti. Nunca te olvides que el aceite cesa cuando se acaban las vasijas.

El Alfarero te formó e hizo de ti una vasija para que llena del aceite del Espíritu bendigas a todos los que te rodean. Si como la viuda de Sarepta estás con una actitud de resignación, quiero animarte a que no dejes morir tu vida espiritual, sino que por el contrario recibas una nueva unción. Si ya pediste aceite ya recibiste la unción de Dios. Ahora pide vasijas y comparte con ellas el aceite con el que Dios te ha llenado.

17

Una vasija de agua

*Y cuando tengas sed, vé a las vasijas, y bebe del agua
que sacan los criados.*

Rut 2.9

¿**P**odrá Dios hacer la misma invitación que Booz le hizo
a Rut a las personas hoy necesitadas? ¿Podrá el Señor decirles a
los que no tienen a Cristo, a los que se encuentran vacíos, a los
depresivos y angustiados, a los enfermos y a los oprimidos, que
vayan a saciar su sed a las vasijas de sus siervos, los cristianos?
¿Podrán los necesitados encontrar en ti, vasija del Señor, una
verdadera respuesta para sus vidas, el agua fresca que calme su
sed? ¿Eres tú un siervo que puede dar de beber a los sedientos
y bendecir a los necesitados?

Nueve siglos después de la historia de Rut, ocurrió otro
episodio con muchos elementos en común con aquella historia.
Al igual que Rut la moabita, la protagonista también fue una
mujer extranjera que estaba sedienta. Su historia se relata en el

Evangelio de Juan, capítulo cuatro, y aunque no sabemos su nombre, la conocemos en nuestros días como la mujer samaritana.

Este episodio de la vida y ministerio de Jesús nos permite tener una idea del gran amor de Dios para con nosotros. ¿Sabes una cosa? Tu vida tiene un enorme valor para Dios. Dios está muy interesado en que todo el mundo conozca a Jesucristo como el Señor. Él tiene un interés particular, muy especial por ti, porque te ama. Observemos con atención este relato. Los primeros treinta versículos de este capítulo están dedicados al tratamiento personal de Jesús con una mujer samaritana. Y solo tres versículos están dedicados al avivamiento en Samaria. Nosotros hubiésemos hecho al revés. Dedicaríamos páginas enteras a lo que Dios hizo en una ciudad y, casi al pasar, contaríamos alguna experiencia individual a modo de ilustración. Pero Dios hace las cosas de otra manera. Por supuesto que le interesaba el avivamiento en Samaria, pero más le interesó la mujer samaritana. En primer lugar, porque la amaba y la valoraba individualmente. En segundo lugar, porque al atender a aquella mujer de vida ligera, sin ningún mérito religioso, sabía que produciría un avivamiento entre todo su pueblo. A Dios le interesa el avivamiento en tu ciudad, pero antes de eso, para que ello ocurra, debe tratar a solas contigo.

Vemos a Jesús cansado, hambriento y sediento, pero la necesidad de esa mujer pudo más que la suya: «*Mi comida es que haga la voluntad del que me envió, y que acabe su obra*» (v. 34). Lo más importante para el Señor no era satisfacer sus deseos y necesidades, sino cumplir con la misión para la cual el Padre lo había enviado al mundo. Esa misión consistía en dar una respuesta concreta a la necesidad de las personas. Y Jesús no se contentaba con llevar adelante su misión de una manera parcial, Él quería completarla. Deseaba que todas las personas tuvieran la oportunidad de vivir una vida eterna y llena del propósito divino. Esa era la voluntad que el Padre le había revelado y como Hijo amado quería obedecerla. Dios no ha cambiado. Su corazón todavía gime por la salvación de todos los hombres.

Dios está interesado por lo que sucede aquí, en la tierra. Aquí es donde debe revelarse el conocimiento de su gloria, y para eso te necesita a ti. Así como la mujer samaritana fue el vehículo para alcanzar a todo su pueblo, de la misma manera Dios quiere usarte para alcanzar a tu ciudad y a tu nación. Porque te ama y porque ama a tu pueblo, Dios tiene sus ojos puestos en ti.

Tal vez, cuando piensas en un avivamiento, viene inmediatamente a tu mente la idea de que para que eso ocurra y tú tengas algo que ver con él, deberás ganar a una multitud. Pero no fue eso lo que sucedió en el relato de Juan 4. Jesús no comenzó ministrando a una multitud de samaritanos. Empezó con una sola persona, una mujer y de mala fama. Quiero que veas esta historia y cómo actuó Jesús, porque de igual forma Dios quiere usarte. No pienses en multitudes, piensa en una persona, luego vendrá la multiplicación. Es Dios quien hace la obra.

HAY QUE SUPERAR LAS BARRERAS RACIALES

Jesús se interesó por aquella mujer samaritana. Pero ese interés de Jesús no se manifestó sin dificultades. Jesús tuvo que vencer varias barreras. La primera de ellas fue la barrera racial. Como sabemos, judíos y samaritanos no se hablaban. Eran enemigos. Los judíos los consideraban impuros. En un momento de la historia, los samaritanos se mezclaron con extranjeros y quedaron para siempre marcados como impuros para los judíos. Por esta causa un buen judío jamás se relacionaría con un samaritano. A su vez los samaritanos no habían perdonado la destrucción del templo de Gerizim a manos de los judíos. Eran realmente enemigos.

Pero Jesús no vio a esa mujer como a una enemiga o como a alguien distante. Él vio en ella a una persona que necesitaba ser bendecida y que era capaz de transmitir esa bendición a otros. Quiero que recuerdes que cuando Dios te encontró, tú eras un enemigo de Dios. La Biblia dice que cuando no estamos sometidos a su voluntad, vivimos como enemigos de Dios. Pero Dios no te miró como enemigo, sino como alguien necesitado de su amor. Y no te vio solo a ti, sino que vio en ti a los que habrían de ser tocados por tu ministerio. Jesús no se detuvo a analizar las disputas y diferencias humanas. Siempre habrá en el medio en que te desenvuelvas, personas que mantengan contigo diferencias raciales, políticas, económicas, o de otro tipo. Pero el Señor quiere que los veas como Él los ve. Como personas que precisan su toque divino y futuros multiplicadores de la bendición. Vehículos de un avivamiento junto a ti.

HAY QUE SUPERAR LAS BARRERAS SOCIALES

Jesús tuvo que vencer también las barreras sociales. En aquella época a nadie se le hubiera ocurrido que un hombre y una mujer se hablaran en público. Los prejuicios eran muy grandes. Pero Jesús estuvo dispuesto a superar todo prejuicio, porque detrás de los prejuicios había una mujer desdichada, una mujer que no tenía paz en su interior.

A Él no le interesan los prejuicios, ni siquiera las cuestiones religiosas. Al Señor le interesa la gente. La samaritana adoraba en el monte Gerizim y los judíos en Jerusalén. Pero a Jesús eso no le interesó. A Él no le interesa de qué religión es la gente. A Dios le interesa tu vida. Y, ¿sabes qué? A Él no le importa qué religión profesen. Pero si no tienen a Jesús como Señor, no tendrán vida abundante y eterna. Por eso Jesús superó los prejuicios religiosos y sociales.

De igual manera Él quiere que estés dispuesto a superar todo prejuicio social o personal en tu vida. Quiere penetrar más allá de toda cortina de humo para encontrarse personalmente con los necesitados. Quiere llegar hasta lo más profundo, a donde se esconde la verdadera situación personal de cada individuo. Allí, donde se sienten las punzadas de la soledad, donde se saborea la amargura del desprecio, del abandono, del desamor de los demás, donde se pueden escuchar los latidos de un corazón herido, donde flota de manera constante esa angustia persistente que no deja vivir en paz, donde la vida sin sentido se manifiesta una y otra vez como un estado de infelicidad latente, allí te necesita el Señor. Hasta allí quiere llegar para provocar un gran cambio por medio de ti.

HAY QUE SUPERAR LAS BARRERAS ESPIRITUALES

Para poder ser de bendición a aquella mujer, y a través de ella a todo un pueblo, Jesús tuvo que vencer barreras espirituales. Pensemos en Jesucristo, el Hijo de Dios, aquel que no tuvo pecado, que es tres veces santo, encontrándose con una mujer de vida ligera como la samaritana, y contemplaremos el milagro del amor. Dios, el tres veces santo, que aborrece el pecado y sin embargo ama al pecador, y que ama a cada persona sin importar su condición o situación espiritual, desea tener una comunión íntima con cada uno. Por esta causa aborrece el pecado. Porque nos separa de Él y nos priva de tener una buena relación con Dios y vivir en armonía con nosotros mismos y con los demás.

Jesús no anduvo con rodeos. Fue directamente al problema de aquella mujer: *«Cinco maridos has tenido y el que ahora tienes no es tu marido»* (v.18). Podría parecernos chocante, pero ¿sabes una cosa? Jesús no quiere engañar a nadie. No quiere tapar nuestros pecados, ni disimularlos, porque sabe que mientras estemos atados a ellos nunca seremos personas felices. Jesús exige un auténtico arrepentimiento y una verdadera entrega de nuestro corazón a su gobierno. Así como hizo contigo, Dios quiere usarte para guiar a otros al arrepentimiento y la entrega de sus corazones a Cristo.

HAY UNA METODOLOGÍA SENCILLA

La metodología de Jesús para llegar hasta la samaritana fue muy sencilla. Es un ejemplo para nosotros. Veamos algunos aspectos que debemos tener en consideración.

Establece el contacto

En primer lugar, Jesús estableció un contacto con la mujer. Algunas de las mejores oportunidades para evangelizar ocurren de manera natural, en las situaciones comunes de la vida. En nuestro trabajo, en nuestra casa, en la parada del ómnibus, durante el viaje con el taxista, en la fila del mercado o del banco, o tomando un café con un compañero de estudio.

Yo creo que las oportunidades para la evangelización llegan siempre y cuando nosotros las queramos. Si no estamos dispuestos a compartir nuestra fe con otros, siempre encontraremos excusas. Pero si anhelamos fervientemente que otros conozcan a Jesucristo, siempre vamos a encontrar las ocasiones adecuadas para compartir la fe en Jesús, y el Espíritu Santo hará el resto.

La gente está hambrienta de Dios. Nunca como hoy las personas expresan con sinceridad su necesidad y su crisis. Sin darse cuenta, nos están pidiendo a gritos algo más de nuestra parte que una simple relación superficial. Aunque no lo digan claramente, con sus actitudes nos están rogando que los escuchemos con sus problemas, que les transmitamos paz, amor. En definitiva, nos están pidiendo que les prediquemos a Jesús.

Como nunca antes, nuestro mundo está preparado para recibir a Cristo. Seguramente vas a escuchar a hermanos decir: «¿De qué avivamiento me hablan, si el mundo cada vez está peor? Falta mucho para que pueda producirse un avivamiento». Los discípulos de Jesús pensaban así y el Maestro tuvo que corregir su visión: *«¿No decís vosotros: Aún faltan cuatro meses para que llegue la siega? He aquí os digo: Alzad vuestros ojos y mirad los campos, porque ya están blancos para la siega»* (Juan 4.35). Jesús hoy nos sigue repitiendo que los campos ya están listos para la cosecha.

Algunas personas pueden presentarse como aquella samaritana, sin necesidades aparentes. Pero Jesús miró lo que había dentro de ella. Las apariencias externas de las personas son habitualmente engañosas. Y aunque no lo quieran reconocer tienen su corazón vacío. La única persona que puede habitarlo y darle sentido es Jesucristo. El hombre podrá negar que la comida existe, pero seguirá estando físicamente hambriento, porque fue creado para alimentarse. Algunas personas podrán negar que Dios existe, pero continuarán espiritualmente hambrientas, porque fueron creadas para vivir en armonía con su Creador. Pero realmente, en la actualidad la gente está más dispuesta o más cerca de Dios que lo que nosotros pensamos. Ora para que Dios te presente la oportunidad de compartir el evangelio hoy y también cada día. Busca ese contacto personal en oración, y Dios abrirá la puerta. Te dará el discernimiento de la real necesidad de la persona, y las palabras y el poder para tocarla con su infinito amor.

Despierta su atención
En segundo lugar, Jesús despertó la curiosidad de la mujer. Jesús la confrontó ante el cuadro de su vida. Su vida estaba siempre sedienta, faltándole algo. No había en ella satisfacción. Se sentía vacía, seca, desilusionada, deprimida. No importa lo que viviera, su vida era como beber del agua de aquel pozo, siempre volvía a tener sed.

¿Cómo puedes llamar la atención de la gente? Con una vida distinta, no solo por lo que no haces, sino por lo que eres y por lo que puedes llegar a hacer. Una vida de gozo, llena de paz, de seguridad. Tu testimonio personal de conversión y tus experiencias con Dios también producirán curiosidad por conocer más. La gente no quiere palabras, quiere ver vidas cambiadas. No hace falta que seas un predicador, simplemente cuenta lo que Cristo hizo en tu vida y muéstralo con tus hechos.

Responde a sus necesidades
El tercer aspecto de la metodología de Jesús, fue que apuntó concretamente a la necesidad de la persona. La samaritana quiso desviar la conversación preguntando cuál era el lugar adecuado para adorar. Jesús con mucha dulzura contestó la pregunta, pero con rapidez la hizo volver al problema espiritual que ella personalmente tenía.

Para que nuestro testimonio sea efectivo debe responder a la necesidad concreta que la persona tiene. Interésate por lo que le pasa al otro. No se trata de una presentación impersonal. El evangelio es efectivo cuando responde a la necesidad de la persona que tienes frente a ti. Por eso cuando Jesús envió a los setenta en misión, les dijo que primero debían sanar a los enfermos y luego predicar el evangelio del Reino. Es a través de las necesidades de las personas que podremos confrontarlas con el evangelio del Reino, las buenas noticias de Jesucristo.

Condúcelos a una decisión

Finalmente, Jesús la condujo a una entrega personal. La mujer le dijo: «*Sé que ha de venir el Mesías, llamado el Cristo; cuando él venga nos declarará todas las cosas*» (v.25). En otras palabras, le dijo: «Todo lo que me dices es muy interesante, pero por ahora no hay nada que hacer». Pero Jesús la confrontó: «*Yo soy, el que habla contigo*» (v. 26).

Cada oportunidad en que el evangelio es presentado es un momento crítico. A menudo vemos personas que están a punto de tomar una decisión y que por alguna razón no lo hacen. Lo que sigue es un proceso de endurecimiento y pareciera que nunca más alcanzan esa cercanía con el Señor. Con suavidad y tacto, pero con firmeza, debemos conducir a la persona a una decisión. Cuando la persona está lista para recibir a Jesucristo, no seamos nosotros los impedimentos, por temor o por excesiva prudencia. Una vez que la persona ha escuchado nuestro testimonio y que ha entendido cómo Jesucristo responde a su necesidad personal, una simple pregunta puede ayudar: ¿Le gustaría que lo guíe en una oración personal para que usted reciba a Jesucristo como su Señor?

Como puedes ver, la metodología es muy sencilla, ora para que Dios te de la oportunidad; establece un contacto personal; preocúpate por la necesidad del otro; cuenta tu testimonio respondiendo a la necesidad de él y, finalmente, guíalo a una entrega personal a Cristo como Señor de su vida.

VASIJAS TRANSFORMADAS EN FUENTES

Pero creo que el principal problema no es cómo hacerlo. Como hemos visto es muy sencillo. Creo que lo más importante es evitar caer en un error muy generalizado entre los cristianos. La equivocación de pensar que la evangelización es para personas extraordinarias, para pastores, misioneros, ministros, diáconos, o ancianos. Dios no necesita de personas extraordinarias. Dios precisa de personas ordinarias para manifestar el amor y el poder de un Dios extraordinario.

Además de evitar este error, también debes tomar una decisión importante como hijo de Dios. La mujer vino a Jesús con un cántaro, con una vasija, pero se fue con una fuente. La mujer vino al pozo de Jacob con una vasija en la mano, para buscar agua para sí. Pero cuando se encontró con Jesús, el Señor cambió el cántaro en fuente. Ya el agua no fue solamente para ella, sino que fue fuente de vida eterna para otros.

Tienes que elegir entre ser una vasija que recoge agua para ti solamente, o convertirte en una fuente que lleva vida eterna a otros. En realidad no tenemos tal opción, porque hemos sido llamados para ser fuentes. Optar por ser solo cántaros sería optar por el pecado original, volver a ser yo el centro de mi vida.

Dios te llamó para ser de bendición a los demás. Un cristiano egocéntrico es una contradicción de términos. No se puede ser cristiano y al mismo tiempo vivir para sí mismo. ¿Seremos cántaros, preocupados solamente en nosotros mismos, esperando siempre recibir? ¿Seremos cántaros que no compartan el evangelio por vergüenza a lo que digan los demás, siendo indiferentes a las necesidades del prójimo, o tal vez creyendo ingenuamente que Dios nos rescató para que hagamos con nuestra vida según nos parezca? Por el contrario, Dios nos llamó a ser fuentes, cristianos auténticos. Nuestro centro ahora es Cristo. Nuestra mente ya no es la nuestra sino la de Cristo, con sus pensamientos y con su amor por los demás.

Estas páginas son un medio que Dios quiere utilizar para que cambies la orientación de tu vida. El te hizo vasija, para que recibas todo su amor y su poder. Pero ahora, Dios quiere que también te transformes en una fuente. Al terminar este capítulo no te limites a decir: «Señor bendíceme». Que tu clamor en este momento sea: «Señor, ayúdame a ser de bendición».

18

Una vasija de sal

Traedme una vasija nueva, y poned en ella sal. Y se la trajeron.
Y saliendo él a los manantiales de las aguas, echó dentro la sal, y dijo:
Así ha dicho Jehová: Yo sané estas aguas, y no habrá más en ellas muerte ni enfermedad.

2 Reyes 2. 20-21

Uno de los imperativos que cada día se torna más evidente con relación a la misión de la Iglesia en el mundo de hoy, es el de alcanzar a las ciudades para Cristo y colocarlas bajo el Reino de Dios. Durante casi toda nuestra historia, los evangélicos hemos considerado esta tarea poco menos que imposible. Sin embargo, son muchas las voces proféticas que hoy se levantan y nos animan a tomar nuestras ciudades para el Señor.

El desarrollo explosivo de las ciudades en las últimas décadas y la configuración de un cristianismo evangélico típicamente urbano, nos alientan a pensar que, como nunca antes, estamos en condiciones de conquistar ciudades enteras para el Reino de Dios.

El mandato del Señor a Jonás de ganar para Él a una ciudad gigantesca, parece reeditarse hoy. La orden divina para Jonás fue bien clara: *«Levántate y ve a Nínive, aquella gran ciudad, y proclama en ella el mensaje que yo te diré»* (Jonás 3.2). El Señor lo envió a esa gran ciudad a proclamar en ella su mensaje. Cuando Dios envió mensajes específicos a las siete iglesias de Asia Menor a través de su siervo Juan, cerró cada uno de ellos con la admonición de oír lo que el Espíritu Santo decía a las iglesias (Apocalipsis 2–3). Esta exhortación continúa siendo válida. Cada generación de creyentes debe poner atención en oír el énfasis que el Espíritu escoge para la Iglesia en un determinado período de su historia.

Hoy, a fines del siglo XX y a poco tiempo del retorno en gloria de Cristo, ¿qué es lo que el Espíritu le está diciendo a la Iglesia? Creo firmemente que es la misma directiva que recibió Jonás: *«Levántate y ve a aquella gran ciudad, y proclama en ella el mensaje que yo te diré».*

El imperativo de alcanzar a nuestra ciudad para Cristo se basa en tres principios que son fundamentales: Primero, Dios está interesado por las ciudades; segundo, Dios nos envía a las ciudades; y tercero, Dios quiere salvar a las ciudades. Consideremos cada principio en detalle.

DIOS ESTÁ INTERESADO POR LAS CIUDADES

Las ciudades ocupan un lugar central en la estrategia redentora de Dios. El propósito divino es que todo ser humano sea salvo: *«Exhorto ante todo, a que se hagan rogativas, oraciones, peticiones y acciones de gracias, por todos los hombres; por los reyes y por todos los que están en eminencia, para que vivamos quieta y reposadamente en toda piedad y honestidad. Porque esto es bueno y agradable delante de Dios nuestro Salvador, el cual quiere que todos los hombres sean salvos y vengan al conocimiento de la verdad»* (1 Timoteo 2.1-4). Como puedes ver, la obra mediadora de Cristo no es selectiva, sino que espera alcanzar a todo pecador: *«Porque hay un solo Dios, y un solo mediador entre Dios y los hombres, Jesucristo hombre, el cual se dio a sí mismo en rescate por todos, de lo cual se dio testimonio a su debido tiempo»* (1 Timoteo 2.5-6).

La paciencia del Señor en demorar su retorno responde a su deseo de dar a todos la oportunidad de no perecer en la condenación eterna: *«El Señor no retarda su promesa, según algunos la tienen por tardanza, sino que es paciente para con nosotros, no queriendo que ninguno perezca, sino que todos procedan al arrepentimiento»* (2 Pedro 3.9).

Teniendo esto en cuenta, es preciso comprender que para Dios tiene una importancia relevante que su mensaje de redención sea predicado en las ciudades, porque es allí donde está la mayor concentración y número de personas que necesitan la salvación de su alma.

Las ciudades son importantes para Dios. Podemos ver en el Antiguo Testamento cómo Dios envió a sus mensajeros, como Jonás, para llamar a ciudades enteras al arrepentimiento. En el Nuevo Testamento vemos a Jesús llorando por la ciudad de Jerusalén: *«¡Jerusalén, Jerusalén, que matas a los profetas y apedreas a los que te son enviados! ¡Cuántas veces quise juntar a tus hijos como la gallina a sus polluelos debajo de sus alas, y no quisiste!»* (Lucas 13.34). Jesús lloró porque las ciudades son objeto del interés redentor de Dios.

Por las mismas razones, el diablo tiene también un supremo interés por las ciudades. No por casualidad en el libro de Apocalipsis la lucha final entre Dios y Satanás está centrada en torno a dos ciudades: Jerusalén y Babilonia. Como alguien dijo: «La historia de la salvación comenzó en un huerto, el Edén, y se consumará en una ciudad, la nueva Jerusalén».

DIOS NOS ENVÍA A LAS CIUDADES

La gran comisión dada por Jesús a su Iglesia comienza en una ciudad, Jerusalén, y culminará, como vimos, en otra ciudad, la nueva Jerusalén. Este será el lugar de la morada eterna de Dios con su pueblo. En un tiempo donde la gran mayoría de la población mundial residía en áreas rurales, Jesús escogió una ciudad como punto de partida para la misión de sus discípulos. Jesús les ordenó quedarse en la ciudad hasta ser investido del poder de lo alto y ganarla para Él. Hechos 1.8 implica que no debían avanzar hacia Judea y Samaria, hasta que Jerusalén no fuese totalmente evangelizada. La lógica humana hubiese seguido una estrategia totalmente opuesta: desde lo último de la tierra a Jerusalén. Ninguno de nosotros hubiera elegido Jerusalén para iniciar un nuevo grupo religioso, y menos el cristianismo. La vida de aquella ciudad giraba alrededor de una religión bien establecida como es el judaísmo. Allí estaban los sacerdotes, el templo, y la concentración cúltica de la nación.

Además, habían pasado apenas unos pocos días de los acontecimientos en los que Jesús había sido juzgado por las autoridades, condenado, crucificado públicamente y sepultado. El ambiente no era precisamente el mejor como para iniciar una actividad evangelizadora en aquella ciudad. Ninguno de nosotros hubiera elegido dicha estrategia. Pero sí Jesús.

Y Él no solo escogió a Jerusalén, sino que eligió a hombres que no eran de la ciudad para ganarla. Los discípulos no tenían ningún tipo de experiencia urbana. No poseían una red de contactos y relaciones sociales, económicas o políticas en Jerusalén como para que ese fuese el punto de partida de la misión evangelizadora encomendada por el Maestro. Por el contrario, los discípulos eran personas provenientes de los poblados de Galilea. En el Evangelio de Juan, podemos apreciar el prejuicio social que la gente tenía con relación a dichas aldeas: «¿De Nazaret puede salir algo bueno?» Los obreros elegidos por Jesús para alcanzar la ciudad de Jerusalén, eran despreciados por el «establishment» como ignorantes y rústicos.

A pesar de esto, la gran comisión se cumplió en una ciudad como Jerusalén. A las pocas semanas de la partida de Jesús, Jerusalén fue saturada con el evangelio. Cuando Pedro y Juan son perseguidos y expuestos delante del concilio, allí el sumo sacerdote los exhorta diciendo: «¿No os mandamos estrictamente *que no enseñaseis en ese nombre? Y ahora habéis llenado a Jerusalén de vuestra doctrina, y queréis echar sobre nosotros la sangre de ese hombre?»* (Hechos 5.28).

En pocos días, la iglesia salió del Aposento Alto y llena del Espíritu Santo, saturó las calles de la ciudad con el evangelio de Jesucristo. Ellos entendieron bien que la unción del Espíritu Santo sobre sus vidas no era para que se quedaran a disfrutar de hermosos cultos en el Aposento Alto, sino que Dios los había llenado para que ahora llenaran a la ciudad de Él.

Pero la avalancha espiritual no se detuvo en las afueras de Jerusalén, sino que siguió en Samaria y luego en Antioquía. Y en esta ciudad, en Antioquía, ocurrió lo mismo que en Jerusalén. Multitudes fueron ganadas para Cristo. Lucas nos cuenta que al principio, los que habían sido esparcidos a causa de la persecución que motivó la muerte de Esteban, pasaron hasta Fenicia, Chipre y Antioquía predicando solo a los judíos. Pero unos varones de Chipre y de Cirene cuando entraron a Antioquía hablaron del Señor también a los griegos. El resultado fue: *«Y la mano del Señor estaba con ellos, y gran número creyó y se convirtió al Señor».* Entonces, cuando en Jerusalén se enteraron de lo que estaba sucediendo en Antioquía, mandaron a Bernabé. Y por medio del ministerio de Bernabé *«una gran multitud fue agregada al Señor»* (Hechos 11.19-26). Y así se formó la primera iglesia gentil, una iglesia de ciudad.

Más tarde, en Éfeso ocurriría lo mismo. La primera visita de Pablo (Hechos 18.19-21) fue breve. En la segunda visita, Pablo encontró un grupo de doce creyentes con quienes comenzó la iglesia. La situación de aquella ciudad era muy parecida a la de Jerusalén. Éfeso era una ciudad dominada por la religión organizada. Toda su vida social y económica giraba alrededor del culto a Diana. Como si fuera poco, la sinagoga local estaba en una actitud de oposición a Pablo (Hechos 19.9). Sin embargo, a pesar de todo, en dos años la ciudad de Éfeso oyó el evangelio. Y desde aquella ciudad, el evangelio saturó toda la región: *«Así continuó por espacio de dos años, de manera que todos los que habitaban en Asia, judíos y griegos, oyeron la palabra del*

Señor Jesús» (Hechos 19.10). Cuando finalmente Pablo dejó Asia Menor, le pudo decir a la iglesia de Roma: «*Pero ahora, no teniendo más campo en estas regiones...*» (Romanos 15.23).

DIOS QUIERE SALVAR A LAS CIUDADES USÁNDOTE

Si vas a ser usado por Dios para alcanzar tu ciudad para Cristo, será necesario que lo hagas con una evangelización poderosa, que se apoye en una vida de oración igualmente poderosa.

Será preciso realizar un testimonio verbal comprometido del evangelio. Así ocurrió en Jerusalén. La Palabra declara: «*Y fueron todos llenos del Espíritu Santo, y comenzaron a hablar en otras lenguas, según el Espíritu les daba que hablasen*» (Hechos 2.4), y el resultado fue que se añadieron aquel día como tres mil personas (2.41).

A pesar de la oposición y aun de la persecución, ellos tenían un compromiso activo con la evangelización. Oraban diciendo: «*Y ahora, Señor, mira sus amenazas, y concede a tus siervos que con todo denuedo hablen tu palabra, mientras extiendes tu mano para que se hagan sanidades y señales y prodigios mediante el nombre de tu santo Hijo Jesús. Cuando hubieron orado, el lugar en que estaban congregados tembló; y todos fueron llenos del Espíritu Santo, y hablaban con denuedo la palabra de Dios*» (Hechos 4.29-31).

Algo similar ocurrió en la ciudad de Antioquía. Como vimos, unos creyentes de Chipre y de Cirene no pudieron contenerse y hablaron a los griegos y gran número creyó y se convirtió al Señor (Hechos 11.20-21). Lo mismo ocurrió en Éfeso: «*Y entrando Pablo en la sinagoga, habló con denuedo por espacio de tres meses, discutiendo y persuadiendo acerca del Reino de Dios*» (Hechos 19.8).

Para que tu ciudad sea conquistada con el evangelio, es preciso una actitud determinada y comprometida de tu parte. No importa cuáles sean las circunstancias o la oposición que se presente, Dios quiere que tengas denuedo para predicar la Palabra de Dios. Indudablemente también hace falta que las palabras sean acompañadas por las señales de los hechos poderosos de Dios. Para que una ciudad sea sacudida por el evangelio, y considerando todas las ofertas religiosas y de todo tipo que se presentan, es indispensable que se manifieste un evangelio de poder.

Así sucedió con Jerusalén. Una de las razones por las cuales una ciudad que se había levantado para matar a Jesús, y que giraba alrededor del culto judaico, y que en pocas semanas es saturada por el evangelio y miles y miles se convirten, es que nadie podía negar los milagros y prodigios que se realizaban en el nombre del Señor Jesucristo. Literalmente dice que la reacción de la gente era: *«Y estaban atónitos y maravillados ... Y sobrevino temor a toda persona; y muchas maravillas y señales eran hechas por los apóstoles»* (Hechos 2.7,43). No era para menos porque *«por las manos de los apóstoles se hacían muchas señales y prodigios en el pueblo; y estaban todos unánimes en el pórtico de Salomón. De los demás ninguno se atrevía a juntarse con ellos; mas el pueblo los alababa grandemente. Y los que creían en el Señor aumentaban más, gran número de hombres como de mujeres; tanto que sacaban los enfermos a las calles, y los ponían en camas y lechos, para que al pasar Pedro, a lo menos su sombra cayese sobre alguno de ellos. Y aun de las ciudades vecinas muchos venían a Jerusalén, trayendo enfermos y atormentados de espíritus inmundos; y todos eran sanados»* (Hechos 5.12-16). Tu ciudad será impactada cuando además de oírte predicar con denuedo, la Palabra sea acompañada por señales que la confirmen.

En la ciudad de Antioquía sucedió lo mismo que en Jerusalén. La Palabra era seguida de las señales: *«Y la mano del Señor estaba con ellos, y gran número creyó y se convirtió al Señor»* (Hechos 11.21). Y en la ciudad de Éfeso, también: *«Y hacía Dios milagros extraordinarios por mano de Pablo, de tal manera que aun se llevaban a los enfermos los paños o delantales de su cuerpo, y las enfermedades se iban de ellos, y los espíritus malos salían»* (Hechos 19.11-12).

Para que tu ciudad sea poderosamente transformada por la Palabra de Dios y por las señales, necesitamos que se levante entre nosotros un nuevo mover de oración intercesora. Esa fue la clave de la conversión de Jerusalén. La iglesia oraba de manera constante. Ellos perseveraban en las oraciones (Hechos 2.42). La oración no se limitaba a una reunión de oración, a una serie de vigilias o a programas especiales. La oración era un estilo de vida para ellos.

La oración no era tampoco un medio de comunión con Dios solamente, sino una herramienta para la evangelización. Era el medio para dar testimonio y alcanzar a la ciudad. Ellos oraban por la gente y Dios respaldaba con señales, maravillas, milagros y prodigios. Y entonces la receptividad de las personas al evangelio era grande, y muchos se convertían al Señor y se añadían a la iglesia.

En muchas ciudades están sucediendo cosas extraordinarias. San Pablo escribiéndole a Timoteo en la primera carta, nos indica cuáles son las cosas que tenemos que tener en cuenta para ganar nuestra ciudad mediante la oración que produce los milagros de Dios y abre la puerta para la recepción del evangelio.

- En primer lugar, hay que orar por todos y cada uno en la ciudad: «*Exhorto ante todo, a que se hagan rogativas, oraciones, peticiones y acciones de gracias, por todos los hombres*» (Hechos 2.1).
- Segundo, hay que orar por las autoridades y los que están en posiciones importantes en una ciudad: «*por los reyes y por todos los que están en eminencia*» (2.2).
- Tercero, hay que orar para que todos sean salvos. Debemos ponernos en armonía con la voluntad de Dios, «*el cual quiere que todos los hombres sean salvos y vengan al conocimiento de la verdad*» (2.4).
- Cuarto, hay que orar allí donde está la gente: «*Quiero, pues, que los hombres oren en todo lugar*» (2.8).

Por muchos años la Iglesia ha estado oculta y las ciudades se han ido sumergiendo en las tinieblas. Pero cuando la Iglesia se levanta y resplandece, la situación empieza a cambiar. El día siguiente a la terminación de una de nuestras cruzadas en España, una persona fue a una iglesia, golpeó la puerta de la casa del pastor y le dijo: «Hace años que vivo acá cerca y no había visto la iglesia». ¡Qué tremendo! Después de la cruzada la gente no cristiana del lugar comenzó a golpear las puertas de la iglesia con hambre y sed de escuchar de Dios.

Por muchos años los creyentes se han excusado diciendo que no sabían, que no podían, que no tenían facilidad para predicar. Dios nos está ayudando a recuperar el valor de la oración para todos los soldados del ejército de Dios. Porque todos podemos orar por las necesidades de la gente. Dios respaldará nuestras oraciones con milagros y señales, entonces la gente estará lista para recibir a Cristo.

Para ello necesitamos ser vasijas de sal. El texto que encabeza este capítulo está enmarcado en un contexto urbano: «*Y los hombres de la ciudad dijeron a Eliseo: He aquí el lugar donde está colocada esta ciudad es buena, como mi señor ve; mas las aguas son malas y la tierra es estéril*» (2 Reyes 2.19). Ellos podían reconocer que las condiciones naturales de la ciudad de Jericó eran buenas, pero había algo que hacía de aquella tierra una zona estéril. Y porque amaban su ciudad pidieron ayuda al siervo del Señor. Muchos cristianos no pueden ser usados por Dios para bendecir su ciudad, porque no aman el lugar donde Dios les puso. Viven quejándose por la contaminación, por el tránsito, por el clima, por la superpoblación y muchas cosas más. Pero sin dejar de reconocer las aguas amargas y la esterilidad, no podremos ser usados por Dios en nuestra ciudad si primero no la amamos.

Por la cercanía de la ciudad de Jericó con el mar Muerto, las aguas salían salobres y sulfurosas. Eran aguas malas para el riego y para beber. Entonces Eliseo da una orden: «*Traedme una vasija nueva, y poned en ella sal. Y se la trajeron. Y saliendo él a los manantiales de las aguas, echó dentro la sal, y dijo: Así ha dicho Jehová: Yo sané estas aguas, y no habrá más en ellas muerte ni enfermedad*» (2 Reyes 2.20-21). Tu ciudad seguramente tiene problemas y pecado. Tu ciudad posee aguas de muerte y enfermedad. Tu ciudad únicamente puede ser sanada si el evangelio de Jesucristo se posesiona en ella. Para ello, es preciso que Dios pueda usar vasijas de sal.

Jesús enseñó que somos la sal de la tierra. Pero si la sal se desvanece no sirve para nada, sino para ser echada fuera y hollada por los hombres (Mateo 5.13). Somos vasijas de sal que tienen el propósito de sanar la tierra. El Alfarero te hizo vasija de sal para sanar tu ciudad. El te quiere utilizar para que algún día puedas decir de tu ciudad: *«no habrá más en ella muerte ni enfermedad»*. Dios quiera que así sea, y pronto.

19

Una vasija de gloria

Y para hacer notorias las riquezas de su gloria, las
mostró para con los vasos de misericordia que Él preparó de
antemano para gloria.

Romanos 9. 23

Vivimos los últimos momentos de este segundo milenio. En
poco tiempo entraremos a una nueva década, un nuevo
siglo y un nuevo milenio. Necesitamos tener una visión clara
del mundo que tenemos que ganar para Jesucristo. Dios desea
hacer notorias las riquezas de su gloria sobre toda la tierra y ha
dispuesto utilizarnos a ti y a mi, simples vasijas de barro, para
que seamos sus vasos de misericordia en este mundo.

Vivimos en una sociedad que padece de todo tipo de males.
Una parte significativa de la población mundial sufre de hambre
y tiene carencia de las cosas más esenciales para vivir dignamente. Apenas subsiste. Por más que las organizaciones especializa-
das luchan para que toda la humanidad tome conciencia de esta

necesidad, y actúan con esfuerzo para producir un cambio, nuestro planeta sigue cada vez más castigado. Violencia, muerte, injusticia y corrupción son moneda corriente. La opción tecnológica, con todos sus beneficios y comodidades, no ha resuelto sin embargo muchos de los problemas básicos, y no ofrece una respuesta satisfactoria a la necesidad espiritual del hombre. Por esta razón son muchos los que acuden al ocultismo y a diferentes sectas controladas por el maligno, esperando encontrar en ellas una solución para sus vidas insatisfechas. Definitivamente el hombre sin Dios está en caída libre. Los problemas étnicos, raciales, religiosos, familiares, y el conflicto interno de cada persona, le hacen pedir a gritos un cambio. Y la Iglesia tiene la oportunidad de producirlo. Dios puede y quiere revertir esta situación, pero está esperando que nosotros, su Iglesia, de una vez por todas asumamos el poder y la autoridad que nos ha sido delegada. Que definitivamente despertemos del letargo y proclamemos el evangelio poderoso de Jesucristo. Estamos en vísperas de un gran avivamiento mundial. Las señales así lo confirman. Los focos de un despertar espiritual comienzan a multiplicarse en diferentes partes del mundo. El diablo lo sabe y en su astuta maquinación intenta traer confusión, división y distracción, a fin de impedir que ocurra semejante mover de su Espíritu. Este es el tiempo de tomar en serio la gran comisión y Dios hará su parte y derramará su gran avivamiento. ¡Las riquezas de su gloria se harán notorias en la tierra!

UNA ORACIÓN PODEROSA

Existe un común denominador en la historia de los avivamientos: La Iglesia regresa a la oración. Berridge decía: «Todos los avivamientos empiezan en la cámara secreta; ningún corazón arde en fe sin mucha conversación secreta con Dios, y nada puede sustituir su falta». Matthew Henry señalaba: «Cuando Dios se propone hacer una misericordia grande con su pueblo, la primera cosa que hace es invitarle a orar». Querido amigo,

Dios te está extendiendo una invitación. El te invita a orar por un avivamiento.

Conocemos una oración bíblica al respecto. En el libro de Habacuc, en el capítulo 3, la escritura comienza diciendo: Oración del profeta Habacuc. Y en el versículo siguiente aparece su petición: *«Oh, Jehová, aviva tu obra en medio de los tiempos, en medio de los tiempos hazla conocer».* Dios quiere derramar un avivamiento entre nosotros y por todo el mundo, pero necesita que al igual que Habacuc oremos para que esto suceda. Sin oración no hay avivamiento.

Con acierto alguien ha dicho que la oración ha sido la cenicienta de la Iglesia. Para todas las actividades de la iglesia hay personas interesadas. Pero cuando hay una reunión de oración, decimos: «Hoy no voy a ir al templo, porque solo es una reunión de oración». Gracias a Dios, como fruto del mover del Espíritu Santo en los últimos años esto ha ido cambiando, pero todavía nos falta mucho.

Dios nos pide que oremos por un avivamiento de su obra. Está muy bien cuando presentamos a Dios nuestras necesidades. No debemos dejar de hacerlo. Él nos dice en su Palabra: *«Sean conocidas vuestras peticiones delante de Dios»* (Filipenses 4.6). ¿Pero cuánto hace que no oras por un avivamiento de la obra de Dios?

Habacuc presentó a Dios su necesidad y la de su pueblo, pero no se quedó allí. Él oró: *«Oh Jehová, aviva tu obra en medio de los tiempos, en medio de los tiempos hazla conocer»* (Habacuc 3.2). ¿Te imaginas lo que Dios hará en respuesta a la oración de sus hijos? ¿Eres consciente del poder que se desatará si en todos los hogares cristianos, los niños, los adolescentes y los adultos empezamos a orar por un avivamiento?

El profeta clama en su tiempo por un avivamiento del obrar de Dios. ¿Cuál era la situación que atravesaba el pueblo de Israel en los tiempos de Habacuc? Eran días de destrucción, iniquidad y violencia. Momentos de gran corrupción, injusticia, codicia, opresión e idolatría. Es allí, en medio de esa situación dramática, que Habacuc le pide al Señor que avive su obra.

Nuestra situación no es muy diferente. Probablemente como nunca antes en la historia podemos ver estas mismas señales que evidencian que la maldad humana se ha multiplicado. Frente a esta realidad los cristianos podemos asumir diferentes posiciones o alternativas. La primera de ellas es la resignación. Decir: «Esto cada vez va peor, no tiene solución, ya nada podemos hacer». El escepticismo y la desesperanza comienzan a gobernar nuestra vida. Así comenzó Habacuc: «*¿Hasta cuando, oh Jehová, clamaré y no oirás; y daré voces a ti a causa de la violencia y no salvarás?*» (Habacuc 1.2).

Una segunda posibilidad, es la de la queja. También Habacuc conoció esta actitud: «*¿Por qué ves a los menospreciadores y callas cuando destruye el impío al mas justo que él?*» (1.3). Pero convengamos que ninguna de estas dos alternativas es la adecuada. La resignación y la queja no sirven para cambiar la situación de nuestro mundo. Habacuc finalmente asume una tercera posibilidad y se encamina por una senda positiva: Orar para que Dios produzca el cambio, orar para que Dios avive su obra en medio de su tiempo.

La Biblia al Día (LBD), dice: *«en este tiempo de profunda necesidad, aviva tu obra»* (3.2). Esta también debe ser nuestra oración. La resignación es la oración del derrotado, del vencido, del que no tiene esperanza. La queja es el grito desesperado del impotente, del que nada puede hacer, del que solo puede quejarse. Pero el pueblo de Dios no está ni vencido, ni derrotado, ni es impotente. El pueblo de Dios tiene un recurso extraordinario en tiempos de profunda necesidad: Orar por un avivamiento de la obra del Señor. En tiempos de profunda necesidad como los que vivimos, hay una petición que Dios quiere que elevemos: «Aviva tu obra en medio de los tiempos». La Versión Popular (VP) lo expresa de esta manera: *«Realiza ahora, en nuestra vida, tus grandes acciones de otros tiempos»* (3.2).

El resignado mira hacia adelante y solo ve tinieblas. El quejoso mira hacia adelante y se encuentra solamente con el eco de su queja. Pero Habacuc nos dice que podemos mirar para adelante y orar pidiendo que Dios realice ahora, en nuestra vida, sus grandes acciones del pasado. Que experimentemos en nuestro tiempo, en nuestro mundo, su poder y su salvación. La Biblia nos enseña que el regreso triunfal de Jesucristo, su Segunda Venida, será bien diferente a su primera venida. Él vendrá montado en un caballo blanco para juzgar. Ya no vendrá despojado de su gloria celestial, sino envuelto en esplendor y gloria. Ya no vendrá como siervo, sino como Rey. Ya no vendrá para nacer en un pesebre, sino que vendrá con autoridad y mando. Ya no vendrá para morir humillado en una cruz, sino que viene a juzgar al mundo.

Este mundo idolátrico, corrupto, lleno de opresión, de violencia y de pecado, será juzgado, será pesado y recibirá su recompensa. Pero la oración de Habacuc y la nuestra también, es: «*[Señor] en medio de la ira acuérdate de la misericordia*» (3.2 LBD). «Antes de expresar el castigo final, tu ira final, que sea evidente tu misericordia, oh Dios. Antes del juicio, envía un gran avivamiento sobre toda carne».

Al mirar y ver la situación por la que atraviesa el mundo, no te resignes, no quedes en la impotencia amarga de la queja. Dios nos manda que oremos esta oración poderosa: «*Oh Jehová, aviva tu obra en medio de los tiempos. Oh, Señor, realiza ahora, en nuestra vida, tus grandes acciones de otros tiempos*».

UN TESTIMONIO PODEROSO

La respuesta a la oración es la acción divina, y si quieres saber lo que Dios hará, debes observar lo que Dios ya hizo. ¿Cuáles son las grandes acciones de otros tiempos? Por supuesto que la lista sería interminable. Pero Habacuc por lo menos nos recuerda algunas de las grandes acciones de Dios de otros tiempos. El primer recuerdo del profeta son los milagros que Dios realizó en Egipto: «*La pestilencia marcha delante de Él; la plaga le sigue muy de cerca*» (3.5 LBD).

El segundo recuerdo es la división del Mar Rojo: «*Golpeaste los ríos y abriste el mar*» (v. 8 LBD). Los egipcios fueron ahogados en el Mar. Se trata de un recuerdo, no de una alegoría de liberación. De un hecho real y poderoso. Dios abrió ese mar y ahogó a los enemigos de su pueblo.

El tercer recuerdo es la revelación de Dios en el Monte Sinaí. *«Veo a Dios que viene por los desiertos desde el Monte Sinaí. Su brillante esplendor llena los cielos y la tierra; su gloria llena los cielos y, la tierra está llena de su alabanza. ¡Qué Dios maravilloso es Él!»* (v. 3 LBD).

El cuarto recuerdo de las obras maravillosas de Dios es el cruce del Jordán. «Golpeaste los ríos y abriste el mar» (v. 8 LBD). Si el cruce del Mar Rojo es el recuerdo de la liberación del pueblo, el cruce del Jordán es la consumación de dicha liberación, es el ingreso a la Tierra Prometida.

Y el último recuerdo de Habacuc, tiene que ver con aquella obra fantástica de Dios en la historia de Israel, cuando Dios detuvo el sol y la luna: *«El sol y la luna se pararon en su lugar»* (v.11 RV). Fue en aquel momento que Josué dio una orden diciendo: *«Sol detente en Gabaón y tú luna, en el valle de Ajalón. Y el sol se detuvo y la luna se paró, hasta que la gente se hubo vengado de sus enemigos. ¿No está escrito esto en el libro de Jaser? Y el sol se paró en medio del cielo y no se apresuró a ponerse casi un día entero. Y no hubo día como aquel, ni antes ni después de él, habiendo atendido Jehová a la voz de un hombre; porque Jehová peleaba por Israel»* (Josué 10.12-14).

En tiempos de profunda necesidad somos animados a mirar hacia adelante recordando las grandes obras de Dios para con su pueblo. Sus obras de liberación, de salvación, de esplendor y gloria. Al mirar hacia adelante, debemos tener en cuenta de que las obras que realizó Dios ayer, refrescan nuestra memoria al maravilloso hecho de que Dios pelea por su pueblo.

UN RESULTADO PODEROSO

Cuando oramos por un avivamiento nos apoyamos en las promesas de Dios. Él nos promete que la tierra será llena del conocimiento de la gloria de Dios, como las aguas cubren el mar (Habacuc 2.14). Él nos asegura que su gloria se extiende por todo el cielo y el mundo entero se llena de su alabanza (3.3). Él nos promete que viene envuelto en brillante resplandor y de sus manos brotan rayos de luz que muestran el poder que en Él se esconde (3.4).

Cuando oramos al Señor y le pedimos un avivamiento podemos estar seguros de que esa oración tiene una respuesta segura. Porque cuando oramos conforme a la voluntad de Dios, según su Palabra, podemos tener la certeza que nuestra oración será contestada. Dios nos pide que oremos por un avivamiento, simplemente, porque Dios desea enviar un avivamiento.

¿Quieres saber qué pasará? Al igual que ayer Dios traerá un avivamiento en donde la Palabra será acompañada de grandes milagros. Así como con las señales que fueron hechas en Egipto, Dios respaldará nuestra palabra con sus hechos poderosos.

Dios traerá un avivamiento en donde veremos de manera palpable la victoria sobre nuestro enemigo, como ocurrió cuando Dios abrió el Mar Rojo y todos los enemigos de su pueblo fueron sepultados por el mar. Dios traerá un avivamiento que surja del pacto y de la obediencia a su Palabra. No será un avivamiento simplemente emocional. Será un avivamiento que se funde en su Palabra, que nos lleve a una auténtica renovación del pacto con nuestro Dios y a un compromiso total con Él y con su Reino. Como en el Sinaí, Dios se revelará y mostrará su esplendor y su gloria.

Como cuando el pueblo de Israel cruzó el Jordán, Dios traerá un avivamiento para la salvación de toda la humanidad. Ya lo hemos empezado a ver, y cada vez será mayor. Para que se cumpla la profecía que el Espíritu será derramado sobre toda carne, y que toda rodilla se doblará y toda lengua confesará que Jesucristo es el Señor.

Asimismo, como el sol y la luna se detuvieron por el solo hecho de que un hombre de Dios lo pidió, así el Señor traerá un avivamiento con grandes victorias para su pueblo. Con señales que nos recordarán a cada instante que Dios pelea por nosotros.

Basados en el libro de Habacuc podemos estar seguros de que Dios cumplirá su promesa, apoyándonos por lo menos en tres razones. La primera es que su Palabra es segura: *«los juramentos a las tribus fueron palabra segura»* (Habacuc 3.9). Dios no estaba haciendo otra cosa que no fuera cumplir con sus acciones los juramentos hechos al pueblo de Israel. Dios no miente. Dios no es hombre ni hijo de hombre para mentir. Su Palabra es sí y es: Amén. Sus promesas son sí y son: Amén.

Pero, además, podemos estar seguros porque Dios es el mismo, hoy ayer y por los siglos (Hebreos 13.8). Las circunstancias de este mundo cambian constantemente. Pero Dios está por sobre toda circunstancia: *«Mas Jehová está en su santo templo; calle delante de Él toda la tierra»* (Habacuc 2.20).

Cuando el profeta abandonó la resignación no conformándose con la queja, y miró hacia su Dios y recordó lo que Él había hecho en la historia de su pueblo, su corazón fue cambiado. De la amargura de la queja impotente, pasó al regocijo de quien puede ver su futuro de una manera distinta, porque tiene un Dios cuyo poder no cambia y su deseo de actuar no ha variado.

El profeta olvidó su angustia y contemplando al todopoderoso, al Dios de los milagros, quedó tan lleno de asombro que comenzó a regocijarse. Una seguridad indescriptible inundó su corazón y a partir de ese momento sintió que podía enfrentar cualquier situación adversa regocijándose en el Señor a pesar de todo. Sabía que Dios le daría finalmente la victoria.

La tercera razón para esta seguridad es reconocer que la misma gloria de Dios es la que está en juego (3.3). Dios no puede ser burlado, ni vencido. Toda la tierra será llena de su alabanza. Dios mandará un avivamiento sobre toda carne, porque ha decidido que toda la tierra será llena del conocimiento de la gloria de Dios, como las aguas cubren el mar (2.14). Dios dispuso desde la eternidad, reunir todas las cosas en Cristo, en la dispensación de los tiempos, así las que están en los cielos, como las que están en la tierra, a fin de que seamos para alabanza de su gloria (véase Efesios 1.3-14). Es su misma gloria la que está en juego.

El profeta asegura: «*Aunque la visión tardará aún por un tiempo, mas se apresura hacia el fin, y no mentirá. Aunque tardare, espéralo, porque sin duda vendrá, no tardará*» (2.3). Viene un avivamiento sobre nuestra tierra. No porque nosotros lo merezcamos, sino por su gracia infinita. El pueblo de Judá, destinatario inmediato de esta profecía, lo único que merecía era seguir sufriendo el castigo y la opresión asiria y caldea. Pero Dios prometió un avivamiento liberador por amor a ellos. Él hará grandes cosas entre nosotros por amor a su Iglesia, pero muy especialmente, por amor a los perdidos. Él hará notoria la obra de Jesucristo en nuestros tiempos y hasta lo último de la tierra.

El Alfarero te quiere hacer una vasija de gloria. Un vaso que haga notoria la gloria de Dios a todo el mundo. Cristo, el precioso tesoro, está en tu vida. Tu simple vasija de barro contiene un inmenso tesoro. ¿No será visto el resplandor de su gloria desde tu mismo corazón hacia cada perdido, hacia cada necesitado? Él está restaurando tu vida, no para que simplemente te conformes con un nuevo toque de Dios, sino para que seas un canal de avivamiento donde quiere que te encuentres. Tu vida de oración es el primer paso.

20

Palabras finales

Durante muchos años experimenté un gran desierto en mi ministerio. No había el fruto que yo esperaba. Nuestra pequeña iglesia de Parque Chas estaba casi desierta. Mis compañeros en el ministerio progresaban y yo no lograba ver ningún avance. Fueron tiempos de quebrantamiento, de morir yo mismo. De aprender a depender solamente de Dios y crecer en la fe. Tiempos de buscar el rostro de Él. Muchas veces sentí ganas de dejar el ministerio, no tenía fuerzas para seguir. Pero el Alfarero estaba tratando conmigo.

Un día fui a visitar al hermano Rafael Hiatt, un misionero muy querido por nosotros, que siempre nos alentó en medio del desierto. Yo pensaba que si lograba su apoyo económico podríamos comprar un nuevo templo y evangelizar al barrio. «Usted tiene la respuesta para nosotros», le dije. «Si usted envía una carta a algún ministerio para que apoye con dinero nuestro proyecto, entonces compraremos el nuevo edificio y haremos una campaña evangelística». Rafael me miró con sus ojos de amor, como siempre lo hacía, y repentinamente comenzó a llorar. «¡Qué bueno!», pensé, «¡logré convencerlo!» Y entonces aproveché para recordarle que estaba batallando solo en el ministerio, que nadie se acordaba de mí para ayudarme. Mis compañeros del seminario tenían iglesias prósperas y muchos habían recibido un gran apoyo de otros ministerios, pero yo no. Finalmente después de todo mi alegato, Rafael me miró emocionado y me dijo: «Claudio, quisiera hacerlo con todo mi corazón». «Bueno, ¿y qué espera?», le dije. Él continuó: «pero lamentablemente no puedo hacerlo». Se me hizo un nudo en la garganta. «Claudio, no siento que sea la voluntad de Dios lo que me estás pidiendo. Ora al Señor y Él te va a suplir. Búscalo y alcanzarás mayores horizontes. Dios está ejercitando tu fe. No te apoyes en los hombres, hay alguien que es todo suficiente y poderoso, y puede cambiar tu difícil situación».

Luego de hablar una hora con Rafael y de recibir sus palabras tan amorosas y tiernas, te digo sinceramente que me fui de aquel lugar más frustrado de lo que llegué. Él me había dicho: «Dios es la fuente, búscalo a Él». Pero yo buscaba desesperadamente algún atajo en medio de mis dificultades. Hoy, al transcurrir de los años, veo cuánta sabiduría hubo en sus palabras. Aquellos tiempos de aparente fracaso dejaron en mí lecciones de incalculable valor. Cuando mis propios recursos humanos se agotaron descubrí a Cristo como la fuente de mi vida, mi única esperanza.

Yo puedo darte testimonio de cómo el Alfarero ha ido moldeando mi vida. Lo que para mí eran fracasos, retrasos, pasos hacia atrás, Él los tomaba como oportunidades para volver a poner sus manos en mí, vasija de barro, y moldearme según su propósito original. En todo momento he podido ver en mi vida que la promesa de las Escrituras se ha ido haciendo realidad: *«estando persuadido de esto, que el que comenzó la buena obra, la perfeccionará hasta el día de Jesucristo»* (Filipenses 1.6).

Tal vez, cuando elegiste leer este libro, te encontrabas en una situación de aridez, en medio de una gran necesidad de restauración en tu vida. Mi oración ha sido que a lo largo de estas páginas hayas permitido que el Espíritu Santo perfeccione su obra en ti, con un nuevo toque restaurador. Ahora quiero animarte a poner por obra la Palabra de Dios. Te desafío amorosamente a tomar las decisiones correctas de aquí en adelante y a crecer en tu comunión con Dios, cuidando la unción que Él te ha dado y renovado.

Permíteme darte una palabra de aliento. A menudo oímos las demandas de la Palabra de Dios y no tomamos en cuenta la maravillosa gracia que nos capacita para cumplirlas. No intentes hacerlo en el poder de tus fuerzas, deja que el Espíritu Santo te llene cada día. No pierdas tu sed. No esperes a buscar de Dios cuando estés en crisis. Con apetito perpetuo busca cada día más y más de Él.

Recuerda que aunque eras barro, el Alfarero te tomó, te hizo vasija, y te llenó para hacer de ti un vaso de gloria. ¡No te resignes a menos!

¡Tenemos un sublime tesoro en vasos de barro!

Acerca del autor

El Rev. Claudio Freidzon es el fundador y actual pastor de la Iglesia Rey de Reyes, de las Asambleas de Dios, en Buenos Aires, República Argentina. Su pujante congregación de varios miles miembros, se encuentra ubicada en el barrio de Belgrano, en una céntrica zona de esta capital porteña.

En estos tiempos, Dios lo ha llamado y ungido para ministrar no sólo a su congregación, sino a iglesias, pastores y líderes de todo el mundo, realizando anualmente múltiples cruzadas y conferencias en los cinco continentes.

El Rev. Claudio Freidzon cursó sus primeros estudios teológico en el Instituto Bíblico Río de la Plata, entidad dependiente de las Asambleas de Dios, graduándose en el año 1977. Fue maestro de la Biblia en reconocidos seminarios. Realizó estudios de post grado en el instituto de Superación Ministerial (ISUM) donde se graduó como Licenciado en Teología. Por muchos años ocupó el cargo de Presbítero sobre todas las congregaciones de la ciudad de Buenos Aires vinculadas a las Asambleas de Dios.

En 1986 fundó la Iglesia Rey de Reyes en el barrio porteño de Belgrano desarrollando una visión multiplicadora a través de células de adiestramiento y evangelización, y trabajando en la formación del liderazgo con un eficaz programa de ministración personal y capacitación. Su meta es alcanzar la ciudad y la nación con el Evangelio de Jesucristo.

En 1992, su búsqueda personal lo llevó a tener un profundo encuentro con el Espíritu Santo que revolucionó su vida y ministerio. Una unción fresca inundó las reuniones de la Iglesia Rey de Reyes en una forma sorprendente y gloriosa. Miles de personas de todo el mundo llegaron hasta allí buscando una renovación espiritual.

Es autor del libro: «Espíritu Santo, tengo hambre de ti», traducido a nueve idiomas y conduce diversos programas evangelísticos a través de la radio y televisión.

El ministerio del Rev. Claudio Freidzon se caracteriza por la manifestación poderosa del Espíritu Santo con señales y prodigios, y una predicación cristo-céntrica a la luz de las escrituras. A través de las multitudinarias conferencias y cruzadas que ha realizado en los cinco continentes, alcanzó a más de dos millones de personas hasta el presente.

En todos los lugares donde el Rev. Claudio Freidzon ha predicado quedaron, como resultado conversiones, testimonios de milagros y una profunda renovación espiritual en pastores y laicos.

Para comunicarse con el autor:

Rev. Claudio Freidzon
Iglesia Rey de Reyes —Ministerio a las Naciones—
Olazábal 2547 - (1428) Buenos Aires
República Argentina
Tel.fax: 05411-47890047
E-mail: reydere@ibm.net

9 780881 134117